약사경 한글 사경

당나라 삼장법사 현장스님의 한문 번역본을
불교신행연구원 김현준 원장이 한글로 번역

새벽숲

· 약사경 사경과 영험

사경은 기도와 수행의 한 방법이며, 우리의 삶을 밝은 쪽으로 바른 쪽으로 행복한 쪽으로 나아가게 하는 거룩한 불사입니다. 약사경을 써보십시오. 약사경을 눈으로 보고 입으로 외우고 손으로 쓰고 마음에 새기는 사경 기도는 크나큰 성취를 안겨줍니다.

더욱이 약사경은 중생의 병고와 현실적인 고난을 남김없이 구제하겠다는 약사여래의 크나큰 원력과 실천행을 설한 경전이기 때문에, 이 경전을 사경하고 독경하면 약사여래의 한량없는 가피가 저절로 찾아들어, 병환의 쾌차는 물론이요 집안의 편안과 업장소멸을 비롯한 갖가지 소원을 쉽게 성취할 수 있습니다.

특히 다음과 같은 원의 성취를 바란다면 약사경 사경을 해보십시오.

· 병고로부터 해탈하여 건강한 몸을 회복하고자 할 때
· 영가천도 및 삼악도의 고통을 면하고자 할 때
· 감옥에서 벗어나거나 관재로부터 해탈하고자 할 때
· 아기의 점지와 순산, 자녀의 건강을 기원할 때
· 가정의 평화와 복되고 안정된 삶을 원할 때
· 가난을 벗어나 넉넉한 재물과 좋은 환경을 얻고자 할 때
· 개업 및 사업의 번창을 바랄 때
· 구하는 바를 뜻대로 이루고자 할 때
· 악몽과 공포, 나쁜 죽음(횡사)들을 멀리하고 신장의 보호를 받고자 할 때
· 정견을 지니고 보살도를 닦아 빨리 무상보리를 이루고자 할 때
· 나라 안의 사람들이 안온하고 병없고 안락하게 살기를 바랄 때

이 밖에도 약사경 사경의 영험은 이루 다 말할 수 없습니다.

· 약사경 사경의 순서

1. 경문을 쓰기 전에
① 먼저 3배를 올린 다음 약사경 사경집을 펼치고 기본적인 축원부터 세 번씩 합니다.

"시방세계에 충만하신 불보살님이시여, 세세생생 지은 죄업 모두 참회합니다.
이제 약사경을 사경하는 공덕을 선망조상과 유주무주 영가의 천도, 그리고 일체 중생의 행복을 위해 바칩니다.
아울러 저희 가족 모두가 늘 건강하옵고, 하는 일들이 다 순탄하여지이다."

② 이렇게 기본적인 축원을 세 번 한 다음, 꼭 성취되기를 바라는 일상의 소원들을 함께 축원하십시오. 예를 들겠습니다.

"대자대비하신 약사여래부처님이시여. 가피를 내려 저희 가족 모두 늘 건강하옵고, 모든 일이 뜻과 같이 이루어지게 하옵소서. 또한 아픈 이의 병환이 쾌차하옵고, 지금 하는 일이 잘 되어 경제적으로 풍요로워지고 가족 모두 복된 삶을 이루게 하옵소서." (3번)

이 예와 같이 구체적인 소원들을 문장으로 만들어 7페이지의 '약사경 사경 발원문' 난에 써놓고, 사경하기 전과 사경을 마친 다음 축원을 하면 좋습니다. 이때의 축원은 어떠한 것이라도 좋습니다. 꼭 이루어졌으면 하는 소원들을 불보살님께 솔직하게 바치면 됩니다.

③ 마지막으로 '세세생생 부처님과 약사경의 가르침을 잘 받들며 살겠습니다'를 세 번 염한 다음, 개경게와 개법장진언, '나무약사여래불'과 '나무약사유리광여래본원공덕경'을 세 번씩 외우고 사경을 시작하면 됩니다.

2. 경문을 쓸 때

① 한글 약사경 본문을 사경할 때는 옅게 인쇄된 글씨만을 덧입혀 쓰고, 한자나 진하게 인쇄된 글자(예:제1대원)·따옴표·중점·쉼표 등은 쓰지 않습니다.

② 사경을 할 때 바탕글씨와 똑같은 글자체로 쓰려고 애를 쓰는 분이 있는데, 꼭 그렇게 쓸 필요는 없습니다. 바탕글씨를 크게 벗어나지 않는 범위 내에서 자기 필체로 쓰면 됩니다.

③ 약사경을 한자로 쓰지 않고 원문의 뜻을 한글로 풀어놓은 번역본을 쓰는 데는 까닭이 있습니다. 사경하는 내가 내용을 이해하지 못하고 글자만 쓰게 되면, 감동이 없을 뿐 아니라 공덕 또한 크게 떨어지기 때문입니다. 스스로 뜻을 새기고 이해를 하며 쓰는 것이 무엇보다 중요하다는 것을 꼭 명심하시기 바랍니다.

④ 사경을 하다가 특별히 마음에 와 닿는 구절이 있거나 새기고 싶은 내용이 있으면 다시 한 번 읽으면서 사색에 잠기는 것도 좋습니다. 이렇게 사경을 하게 되면 약사경의 내용이 보다 빨리 '나'의 것이 되고 신심이 샘 솟아, 무량공덕이 저절로 쌓이게 됩니다.

⑤ 그날 해야 할 사경을 마쳤으면 다시 스스로가 만든 '약사경 사경 발원문'을 읽고 3배를 드린 다음 끝을 맺습니다.

· 사경 기간 및 횟수

① 이 사경집은 약사경을 세 번 쓸 수 있도록 엮었습니다. 만약 간략한 소원 때문에 약사경을 사경 한다면 전체를 9번 정도 사경하는 것으로 족하겠지만, 꼭 이루고 싶은 간절한 소원이 있다면 그만큼 정성이 쌓여야 하므로, 약사경 30번의 사경을 감히 권해봅니다.

② 인쇄된 글씨 위에 억지로 덧입히며 쓰지 않고 자기 필체로 쓰게 되면 한 페이지에 보통 5분~7분 정도 걸리며 약사경 전체를 다 쓰는 데는 4시간 가량 소요됩니다.
만일 기도할 시간이 넉넉하지 않아 한 시간 정도에서 끝마치고자 한다면 하루에 10페이지 내외로 나누어 쓰십시오. 10페이지 내외로 쓰면 4일 만에 약사경 전체를 한 번 쓸 수 있습니다.

③ 약사경 사경을 통하여 약사여래의 대위신력을 마음에 담은 불자라면 사경 후 축원과 회향을 한 다음, 곧바로 '약사여래불'을 외우며 염불을 행하는 것이 매우 좋습니다. 이 경우 30분 사경에 30분 염불 또는 1시간 사경에 1시간 염불을 하는 것도 바람직합니다.
각자의 원력과 형편에 맞추어 적당히 나누어 쓰고, 적당한 시간 동안 염불하십시오. 단, 불보살님과의 약속이니 지킬 수 있을 만큼 하되, 너무 쉬운 쪽으로만은 택하지 않기를 바랍니다. (약사염불법은 독송용 『한글

약사경』에 자세히 써놓았습니다. 참고하시기 바랍니다.)

④ 매일 쓰다가 부득이한 일이 발생하여 못 쓰게 될 경우가 있습니다. 그
   때는 꼭 부처님께 못 쓰게 된 사정을 고하여 마음속으로 '다음 날 또
   는 사경 기간을 하루 더 연장하여 반드시 쓰겠다' 고 약속하면 됩니
   다.

※ 사경을 할 때는 연필·볼펜 또는 가는 수성펜 등으로 쓰는 것이 좋습니
  다.
※ 사경한 다음, 어떻게 처리해야 되느냐를 묻는 이들이 많은데, 정성껏 쓴
  사경집을 집안에 두면 불은이 충만하고 삿된 기운이 침범하지 못하게
  되므로, 집안에서 좋다고 생각하는 위치에 잘 모셔 두십시오. 경전을 태
  우는 것은 큰 불경이므로 절대 함부로 태우면 안 됩니다.

   깊은 믿음으로 환희심을 품고 약사경 사경을 하면 대우주 법계에 가득
한 약사여래의 가피를 입어 소원을 원만하게 성취함은 물론이요 크나큰
향상과 깨달음이 함께 한다고 하였습니다.
   여법히 잘 사경하시기를 두 손 모아 축원드립니다.
   나무약사유리광여래불.
   나무약사유리광여래본원공덕경.

약사 기도 발원문

나무약사유리광여래불(3번)

개경게 開經偈

가장높고 심히깊은 부처님법문

백천만겁 지나간들 어찌만나리

저희이제 보고듣고 받아지녀서

부처님의 진실한뜻 깨치오리다

無上甚深微妙法	무상심심미묘법
百千萬劫難遭遇	백천만겁난조우
我今聞見得受持	아금문견득수지
願解如來眞實意	원해여래진실의

개법장진언 開法藏眞言
옴 아라남 아라다(3번)

나무약사유리광여래본원공덕경(3번)

藥師琉璃光如來本願功德經
약사유리광여래본원공덕경

이와 같이 나는 들었다.

어느 때 세존(世尊)께서 여러 나라를 돌아다니며 교화하시다가, 광엄성(廣嚴城) [바이샬리] 의 낙음수(樂音樹) 아래에서 대비구 8천인과 보살 3만6천인과, 국왕·대신·바라문·거사와, 천(天)·용(龍)·야차(夜叉) 등의 팔부신중(八部神衆)과 무량한 대중의 공경을 받으며 설법을 하고 계셨다.

그때 부처님의 위신력(威神力)을 받들어 자리에서 일어난 문수사리 법왕자(文殊師利 法王子)가 오른쪽 어깨를 드러낸 다음 오른쪽 무릎을 꿇어 합장배례하고 아뢰었다.

"세존이시여, 바라옵건대 여러 부처님의 명호(名號)와 근본대원(根本大願)과 수승한 공덕(功德)을 설하시어, 듣는 이들의 업장이 소멸되게 하옵시고, 정법(正法) 시

9

대 다음의 상법과 말법 시대 중생들에게도 이
로움과 즐거움을 주옵소서."

부처님께서 문수사리보살을 칭찬하셨다.

"착하고 훌륭하도다, 문수사리여. 그대가
한량없는 자비심을 일으켜서, 여러 부처님의
명호와 본원과 공덕을 설할 것을 간곡히 청하
여, 중생들을 결박하고 있는 업장을 뿌리뽑고,
상법과 말법 시대 중생들에게 이로움과 안락
함을 주고자 하는구나. 문수사리여, 내 이제
그대를 위해 설하리니 잘 듣고 깊이 사유하여
라."

"그렇게 하겠나이다. 부디 설하여 주옵소
서."

부처님께서 문수사리보살에게 이르셨다.

"이곳에서 동쪽으로 10항하사 만큼의 불국
토를 지나가면 정유리라는 세계가 있으며, 그
국토에는 약사유리광여래·응공·정등각·명행

圓滿 善逝 世間解 無上師 調御丈夫 天人
원만·선서·세간해·무상사·조어장부·천인
師 佛世尊
사·불세존이 계시느니라.

　문수사리여, 이 약사유리광여래께서는 보살
道
도를 닦을 때 열두 가지 근본 대원을 발하여,
중생들이 구하는 바를 모두 얻게 하고자 하셨
十二大願
나니, 그 십이대원은 다음과 같으니라.

阿耨多羅三藐三菩提
　제1대원 : 제가 내세에 아뇩다라삼먁삼보리를
증득하였을 때, 제 몸의 찬란한 광명으로 한
량없고 수도 없고 끝이 없는 세계를 다 비추
三十二大丈夫相　　八十種好
고, 삼십이대장부상과 팔십종호로써 저의 몸
을 장엄한 다음, 일체 중생도 저와 다름이 없
도록 하겠나이다.
菩提
　제2대원 : 제가 내세에 보리를 증득하였을 때,
몸이 유리처럼 청정하여 티끌과 더러움이 없
고, 광명이 광대하고 공덕이 아주 높으며, 몸
에서 나오는 장엄한 빛은 해와 달을 능가하여

지이다. 그리고 그 빛을 받는 유명계(幽冥界)의 중생은 새로운 삶을 얻고, 갈 곳을 알지 못하는 이들은 뜻하는 바 대로 사업을 성취할 수 있도록 하겠나이다.

제3대원 : 제가 내세에 보리를 증득하였을 때, 끝없고 한량없는 지혜와 방편으로 중생들이 필요로 하는 물건들을 가질 수 있게 하되, 조그마한 부족함도 없도록 하겠나이다.

제4대원 : 제가 내세에 보리를 증득하였을 때, 그릇된 도[異道]를 닦는 중생 모두를 바른 깨달음의 도[菩提道] 속에 편히 머물도록 할 것이며, 성문의 도[聲聞道]를 행하거나 벽지불의 도[辟支佛道]를 행하는 이가 있으면 그들 모두를 대승(大乘) 속에 편히 머물도록 하겠나이다.

제5대원 : 제가 내세에 보리를 증득하였을 때, 어떤 중생이 저의 법 가운데에서 청정행[梵行]을 닦게 되면, 그 중생의 수가 한량없고 끝이

없을지라도 모두 삼취정계를 온전히 갖추도록

三聚淨戒

할 것이요, 파계를 하였을지라도 악도에 떨어

惡道

지는 이가 없도록 하겠나이다.

제6대원 : 제가 내세에 보리를 증득하였을 때, 어떤 중생의 몸이 열등하고 감각 기관을 온전히 갖추지 못하였거나, 추하고 더럽고 완고하고 어리석거나, 장님·귀머거리·벙어리·절름발이·앉은뱅이·곱추·나병환자·미치광이거나, 온갖 병에 시달리고 있을 때, 그 중생이 저의 이름을 진실한 마음으로 부르고 생각하면 온갖 병과 괴로움이 없도록 하겠나이다.

제7대원 : 제가 내세에 보리를 증득하였을 때, 어떤 중생이 병과 환난 속에서 핍박을 받고 있는데도, 의사도 없고 약도 없고 어버이도 없고 집도 없고 빈궁함과 괴로움만 많을 때, 저의 명호를 한 번만이라도 귀로 들으면 그 모든 고난이 없어질 뿐 아니라 몸과 마음이 안락하여지고 집과 권속과 재물이 모두 풍족하여지며, 마침내는 무상보리에 이를 수 있도록 하겠나이다.

제8대원 : 제가 내세에 보리를 증득하였을 때, 어떤 여인이 여자이기 때문에 부당한 대우를 받고 괴로움에 쪼들려서, 여자의 몸을 싫어하게 되고 여자의 몸을 버리기를 원할 때, 저의 이름을 듣기만 하여도 여자의 몸을 버린 다음 남자의 몸을 얻고, 마침내는 무상보리에 이를 수 있도록 하겠나이다.

제9대원 : 제가 내세에 보리를 증득하였을 때, 일체 중생으로 하여금 마(魔)의 그물에서 해탈하게 하고, 외도(外道)의 결박으로부터 벗어나게 하며, 온갖 나쁜 견해(惡見)의 수풀 속에 떨어졌을지라도 모두 포섭하여 정견(正見)을 내게 하고, 보살행을 차례대로 잘 닦게 하여, 빨리 무상보리에 이를 수 있도록 하겠나이다.

14

제10대원 : 제가 내세에 보리를 증득하였을 때, 국법(國法)을 어긴 어떤 중생이 붙잡혀서 매를 맞고 감옥에 갇히고 사형을 당하게 되었거나, 한량없는 재난(災難)으로 능욕을 당하고 슬픔과 근심에 휩싸여 몸과 마음이 괴롭기 그지없을 때 저의 이름을 듣게 되면, 저의 복덕과 위신력으로 모든 근심과 괴로움을 벗어날 수 있도록 하겠나이다.

제11대원 : 제가 내세에 보리를 증득하였을 때, 어떤 중생이 굶주림과 목마름 때문에 괴로워하다가 먹을 것을 구하기 위해 악업을 지었을지라도, 저의 이름을 듣고 온 마음을 다해 수지(受持)하면, 저는 먼저 아주 맛있는 음식으로 그의 배를 부르게 한 다음에, 법미(法味)를 베풀어 진정한 안락을 얻도록 하겠나이다.

제12대원 : 제가 내세에 보리를 증득하였을 때, 가난한 어떤 중생이 옷이 없어 파리와 모

15

기에게 물리고 추위와 더위로 밤낮없이 괴로움을 당할 때, 저의 이름을 듣고 온 마음을 다해 수지하면, 그가 필요로 하는 옷과 보배들로 장식한 물건과 꽃과 향과 음악과 갖가지 놀이기구 등을 원하는 대로 만족스럽게 베풀어주겠나이다.

　문수사리여, 이상이 약사유리광여래께서 정등각(正等覺)을 이루기 위해 보살도를 행할 때 발한 열두 가지 미묘하고 높은 서원이니라.

　문수사리여, 저 약사유리광여래가 보살도를 행할 때 발한 서원과 그 불국토의 공덕장엄(功德莊嚴)에 대해 내가 1겁 또는 1겁 이상을 설명하여도 다할 수 없나니, 그 불국토는 한결같이 청정하고 여인이 없고 삼악도(三惡道)와 괴로움의 신음 소리가 없느니라.

　땅은 유리로 되어 있고, 길의 경계선은 황금

16

줄로 되어 있으며, 성의 문과 궁궐과 누각과 난간과 창문은 모두 칠보(七寶)로 이루어진 그물에 들러싸여 있는데, 서방 극락세계(西方極樂世界)의 공덕장엄과 조금도 차이가 없느니라.

그 불국토 안에 두 보살마하살이 있나니, 일광변조보살(日光邊照菩薩)과 월광변조보살(月光邊照菩薩)로, 한량없이 많은 보살들의 우두머리가 되어 약사유리광여래의 정법보장(正法寶藏)을 지키고 있느니라.

그러므로 문수사리여, 신심(信心) 있는 선남자 선여인은 마땅히 저 불국토에 태어나기를 발원하여야 하느니라"

부처님께서 문수사리보살에게 또 이르셨다.

"문수사리여, 혹 어떤 중생이 선악(善惡)을 모르고, 탐욕과 인색함만을 품을 뿐 보시와 보시의 과보를 모르고, 어리석어 지혜가 없고 믿음의 뿌리〔信根〕가 없으면, 많은 재물을 모으고 지키는 데만 힘을 기울일 뿐, 구걸하는 이가

오는 것을 마음으로 기뻐하지 않으며, 부득이 보시를 하게 되면 매우 아까워하면서 몸에서 살을 떼어내는 것과 같은 아픔을 느끼느니라.

한없이 인색하고 탐욕스러운 이 중생은 자신을 위해서도 모은 재산을 쓰지 못하거늘, 어떻게 부모와 처자와 노비와 고용인과 구걸하러 오는 사람들에게 주겠느냐? 이러한 중생은 목숨을 마친 다음 아귀(餓鬼)나 축생(畜生)의 세계에 태어나느니라.

그러나 과거 인간세계에 있었을 때 잠깐 동안이라도 약사유리광여래의 명호를 들은 적이 있는 이는 아귀나 축생으로 있더라도 약사유리광여래의 명호가 잠깐 생각나게 되고, 명호가 생각나는 즉시 목숨이 끊어져 사람으로 다시 태어나게 되느니라.

나아가 과거를 아는 숙명지(宿命智)를 얻어 삼악도의 괴로움을 두려워하고 욕락(欲樂)을 좋아하지 않

게 되어, 은혜로운 보시를 기꺼이 행하고 보시하는 이들을 찬탄하느니라.

또한 소유하고 있는 모든 것에 대해 아까워하거나 탐착함이 없이 능히 보시를 하고, 점차로 머리와 눈과 손과 발과 살과 몸까지도 달라고 하는 이에게 모두 주고자 하거늘, 어찌 재물을 아까워하겠느냐!

또 문수사리여, 어떤 중생은 여래를 받들고 배우고 따르지만 계율을 범하는 경우가 있고, 계율을 범하지는 않지만 규칙을 범하는 경우가 있으며, 계율과 규칙을 범하지는 않지만 정견(正見)을 깨뜨리는 경우가 있느니라.

또 정견을 깨뜨리지는 않지만 많이 듣는 다문(多聞)을 버리기 때문에 부처님께서 설하는 경(經)의 깊은 뜻을 이해하지 못하게 되고, 다문은 할지라도 증상만(增上慢)에 빠져서 자기는 옳다 하고 남은 그르다고 할 뿐 아니라, 정법(正法)을 혐오하고 비방하면서 마의 무리와 짝을 하게 되느니라.

이 어리석은 사람은 스스로 사견(私見)을 행함은 물론, 무량 중생들까지 지옥에 떨어지게 만들거나 지옥·아귀·축생의 세계를 하염없이 흘러다니게 만드느니라.

그러나 저 약사유리광여래의 명호를 듣게 되면 곧 악행을 버리고 모든 선법(善法)을 닦아 삼악도에 떨어지지 않게 되느니라. 그리고 악행을 버리지도 못하고 선법을 닦지도 못하여 삼악도에 떨어질지라도, 약사여래 본원(本願)의 위신력으로 인해 여래의 명호를 잠깐 듣게 되면, 듣는 즉시 삼악도에서의 목숨이 다하여 사람으로 태어나게 되느니라.

그리하여 정견을 지니고 정진할 뿐 아니라 선하고 즐거운 마음으로 능히 집을 버리고 출가하여, 여래의 가르침 속에서 진리를 수지하

여 깨뜨리거나 범하는 일이 없고, 정견과 다문을 통하여 깊은 뜻을 이해하여, 교만하거나 정법을 비방하거나 마와 함께 함이 없이, 보살의 모든 행을 차례로 닦아 원만한 깨달음을 속히 증득하게 되느니라.

또 문수사리여, 어떤 중생이 인색하고 탐욕을 부리고 시기질투하고 자기를 높이고 남을 비방하게 되면, 마땅히 악도에 떨어져서 무량한 세월동안 혹독한 고통을 받게 되고, 그곳에서의 목숨이 다하면 측생계에 태어나서 소나 말이나 낙타나 노새가 되느니라. 그리하여 항상 채찍이나 몽둥이로 맞고 굶주림과 목마름을 견디면서 무거운 짐을 지고 다니게 되느니라. 또한 사람으로 태어난다 하더라도 비천한 생활을 하고, 남의 노비가 되어 부림을 받으면서 자유롭지 못한 삶을 살게 되느니라.

그러나 일찍이 사람으로 있었을 때 약사유

리광여래의 명호를 들었다면, 그 선한 인연에 의해 다시 약사여래를 생각해내고 지극한 마음으로 귀의할 수 있게 되느니라.

그리고 그 즉시 약사여래의 위신력으로 온갖 괴로움에서 해탈하며, 모든 감각기관이 예리하고 지혜로워져서 많이 듣고 뛰어난 법을 구하며, 착한 벗을 만나 항상 서로 따르며, 능히 마의 그물을 끊고 무명의 껍질을 깨뜨려 번뇌의 강을 마르게 하며, 모든 생노병사와 生老病死 근심과 슬픔과 고뇌에서 해탈하게 되느니라.

문수사리여, 또 어떤 중생은 서로 어긋나는 것을 좋아하기 때문에 소송을 하고 싸우면서 나와 남을 함께 괴롭게 하느니라. 몸과 말과 뜻으로 온갖 악업을 지을 뿐 아니라, 상대에게 손해를 주고자 어떠한 이익도 없는 짓을 하며, 상대를 모함하고 해치기 위해 산과 숲과 나무와 무덤 등의 온갖 신에게 고사를 지

내거나, 가축들을 잡아 그 피와 고기로 야차나 나찰에게 제사를 지내며, 원한이 있는 사람의 이름을 쓰거나 그 형상을 만들어 온갖 독해[毒]를 끼치는 주술과 저주와 시체를 불러 일으키는 주문을 외워서, 상대의 목숨을 끊고 몸을 파괴하고자 하느니라.

그러나 약사유리광여래의 명호를 들은 이에게는 이 모든 악한 짓으로도 해를 끼치지 못할 뿐 아니라, 마음이 자비롭고 이롭고 안락하게 바뀌기 때문에, 괴롭히려는 생각이나 원한의 마음 없이 서로가 기뻐하고 만족하고 이롭게 하느니라.

또 문수사리여, 만약 비구·비구니·우바새·우바이의 사부대중과 신심 있는 선남자 선여인이 팔관재계[八關齋戒]를 받고 매월 육재일[六齋日]이나 삼장재월[三長齋月]인 1월·5월·9월의 3개월 동안 계[戒]를 잘 지닌다면, 이러한 선근으로 어디에서나 기쁘고

즐거울 뿐 아니라 원하는 모든 것을 얻게 되느니라.

그리고 그가 서방 극락세계의 무량수불^{無量壽佛} 계신 곳에 태어나서 정법을 들을 수 있는 인연이 차지 않았을지라도, 약사유리광여래의 이름을 들은 이는 목숨이 다할 때 팔대보살^{八大菩薩} 등이 허공을 타고 와서 길을 인도하여, 극락세계의 기이한 빛을 띤 보배 연꽃 안에서 자연 화생^{自然 化生}하게 하느니라.

만일 이 사람이 천상^{天上}에 태어나기를 원하면 곧바로 천상에 태어나나니, 이미 닦은 선근이 한량 없기 때문에 다시는 나쁜 세상에 태어나지 않느니라.

그리고 천상에서의 목숨이 다하면 인간세계의 전륜왕^{轉輪王}이 되어 사대주^{四大洲}를 다스리면서 무량 중생들로 하여금 십선업^{十善業}을 닦게 하거나, 대왕족·대바라문·대거사의 집안에 태어나나니, 보

배와 재물이 창고에 가득하고, 훌륭한 외모에
다 자재로움과 권속(眷屬)들을 구족하고, 총명한 지
혜와 대역사(大力士)의 용맹을 갖추게 되느니라.

또한 어떤 여인이 약사여래의 명호를 듣고
지극한 마음으로 수지하면, 이 여인은 여자의
몸을 영원히 여읠 수 있게 되느니라.”

그때 문수사리보살이 부처님께 아뢰었다.
“맹세하옵니다, 세존이시여. 저는 온갖 방편
을 다해 약사유리광여래의 명호를 유포하여,
미래의 신심 있는 선남자 선여인이 그들의 처
소에서 이 부처님의 명호를 들을 수 있게 하
고, 잠자는 중에도 이 명호가 들리도록 하겠
나이다.

세존이시여, 만일 이 경전을 받아지녀서 독
송하거나, 다른 사람들에게 설하고 해석하고
깨닫게 해주거나, 스스로 사경(寫經)하고 남에게 사

경토록 하거나, 온갖 꽃과 향과 영락과 보당(寶幢)과 깃발 등으로 공양하거나, 이 경전을 오색의 비단 주머니에 넣어 깨끗하고 높은 자리에 안치하면, 사대천왕(四大天王)이 그 권속과 한없이 많은 천인들을 데리고 그곳으로 와서 공양하고 수호하게 하겠나이다.

세존이시여, 이 경전을 보배롭게 유통시킬 때, 어떤 이가 이 경전을 수지하고 독송하여 저 약사유리광여래의 명호와 예전에 발하신 대원을 들었다면, 그가 횡사(橫死)를 하거나 악귀들에게 정기를 빼앗기는 일이 없도록 할 것이며, 이미 빼앗겼다 할지라도 다시 이전으로 돌아와 안락한 삶을 이루도록 하겠나이다."

부처님께서 문수사리에게 이르셨다.

"옳고 옳도다, 문수사리여. 그대가 말한 대로 될 것이니라.

문수사리여, 신심 있는 선남자 선여인이 약

사유리광여래를 공양하고자 할진대는, 마땅히 그 부처님의 존상을 청정한 자리에 안치한 다음, 온갖 꽃을 뿌리고 온갖 향을 태우고 여러 가지 당(幢)과 번(幡)으로 그곳을 장엄해야 하느니라. 그리고 7일 낮 7일 밤 동안 팔관재계를 받아 지니면서 청정한 음식을 먹고 깨끗이 목욕하고 깨끗한 옷을 입은 다음, 더럽고 탁한 마음이나 성내는 마음을 비우고, 일체 중생에게 이익과 안락을 주는 자비희사(慈悲喜捨)와 평등심(平等心)을 일으켜야 하느니라. 또 북을 울리고 찬탄의 노래를 부르며 불상의 오른쪽으로 돌면서, 저 약사여래의 본원공덕을 생각하고 이 경전을 독송하여야 하느니라.

　이렇게 하면 생각하는대로 원하는 것이 이루어지고, 하고자 하는 모든 것이 다 원만해지느니라. 곧 오래 살기를 바라면 장수하게 되고, 부자되기를 바라면 부자가 되고, 높은

자리에 오르고자 하면 그 지위를 얻고, 아들
딸을 희망하면 빼어난 아들과 딸을 얻게 되느
니라.

또한 어떤 사람이 갑자기 악몽(惡夢)을 꾸거나
나쁜 모습들을 보거나 요괴스러운 새[怪鳥(괴조)]가
날아와서 모이거나 집안에 괴이한 일이 생겨
날 때, 그 사람이 여러 가지 공양물을 마련하
여 약사유리광여래께 공양하고 공경하게 되면,
모든 악몽과 나쁜 모습과 불길한 일들이 남김
없이 사라지게 되느니라.

또한 물·불·칼·독(毒) 등으로 인한 공포나 높
은 절벽에 매달리는 공포, 악한 코끼리·사자·
호랑이·곰·독사·전갈·지네·그리마·모기 등
으로 인한 공포가 있을 때, 저 약사여래를 간
절히 생각하면 모든 공포에서 해탈하게 되며,
적군이 침범하였거나 도둑이 들어 두려움에
떨 때도 약사여래를 생각하고 공경하면 능히

해탈할 수 있느니라.

　문수사리여, 선남자 선여인이 불·법·승 삼보에 귀의하여 오계·십계·보살계·비구계·비구니계를 받았으나, 그 받은 계를 헐뜯고 범하여 삼악도에 떨어질 것을 두려워하고 있을 때, 저 약사유리광여래를 생각하고 공양하게 되면 결정코 삼악도의 과보를 받지 않게 되느니라.

　또한 어떤 여인이 출산을 하면서 극심한 고통을 받고 있을 때, 지극한 마음으로 약사유리광여래의 명호를 부르면서 공경하면 속히 고통에서 벗어나게 되며, 태어난 자식은 감각기관이 온전하고 모습이 단정하여 보는 사람을 즐겁게 하며, 근기가 예리하고 총명하고 안온하고 병이 적으며, 사람 아닌 것들에게 혼백을 빼앗기게 되는 일이 없느니라.

그때 세존께서 아난^{阿難}에게 이르셨다.

"아난아, 내가 칭송하고 찬양한 약사유리 광여래의 모든 공덕은 제불께서도 이해하기가 쉽지 않거늘 너는 믿을 수 있겠느냐?"

아난이 부처님께 아뢰었다.

"큰 덕을 갖추신 세존이시여. 저는 여래께 서 설하신 진리에 대해 의혹이 생기지 않습니 다. 왜냐하면 모든 여래의 몸과 말과 뜻으로 행하는 업들은 청정하지 않은 것이 없기 때문 입니다.

세존이시여, 해와 달을 능히 떨어뜨릴 수 있 고 높은 산을 능히 이동시킬 수 있는 부처님 들께서 하신 말씀은 절대로 틀림이 없사옵니 다. 하지만 신심을 갖추지 못한 중생들은 세 존께서 부처님들의 경계를 설하시는 것을 듣 고 이렇게 생각합니다.

'어떻게 단지 저 약사유리광여래의 이름만

을 염할 뿐인데 그와 같은 큰 공덕을 얻을 수 있다는 것인가?'

이렇게 믿지 못하고 비방하게 되면, 그 중생은 큰 이익과 즐거움을 잃게 될 뿐 아니라, 여러 악도에 떨어져서, 길고 어두운 밤을 벗어나지 못함이 끝이 없게 되옵니다."

부처님께서 아난에게 이르셨다.

"아난아, 그러한 중생들도 세존이신 약사유리광여래의 명호를 듣고 지극한 마음으로 수지하게 되면 악도에 떨어지는 일이 없느니라.

아난아, 부처님들의 경계는 참으로 믿기 어렵거늘 너는 능히 수지하는구나. 마땅히 알아라. 이것이 바로 약사여래의 위신력이니라.

아난아, 모든 성문과 독각과 아직 초지에 오르지 못한 보살들은 모든 것을 여실하게 다 믿고 이해할 수 없느니라. 다만 일생보처보살

은 제외하노라.

아난아, 사람의 몸을 받기 어렵고 삼보를 믿고 공경하고 존중하기도 어렵지만, 저 약사유리광여래의 명호를 듣는 것은 몇 갑절 더 어렵느니라.

아난아, 저 약사유리광여래는 보살행이 한량없고 좋은 방편이 한량없고 광대한 서원이 한량없나니, 내가 1겁 또는 1겁이 넘도록 약사여래의 보살행원(菩薩行願)을 말하고, 겁이 다하도록 저 약사유리광여래께서 예전에 행하신 일과 수승한 대원들을 말하여도 결코 다 말할 수 없느니라."

그때 대중 가운데 있던 구탈(救脫)이라는 보살마하살이 자리에서 일어나 한쪽 어깨를 드러내고 오른쪽 무릎을 땅에 대어 합장배례한 다음 부처님께 아뢰었다.

"세존이시여, 미래세에 어떤 중생이 환난으로 곤욕을 당하고, 중병에 시달려 야위고 음식을 못먹고 목과 입술이 마르고 눈이 침침하여 잘 보이지 않고 죽음이 임박하게 되면, 부모·자식·형제들과 친척·친구들이 둘러 앉아 흐느껴 울게 됩니다. 그때 그 사람의 몸은 그 자리에 누워있지만, 염마왕(閻魔王)의 사자가 그의 넋을 이끌어 염마왕 앞으로 데리고 갑니다. 그런데 모든 중생에게는 언제나 중생과 함께하면서 착하고 악한 업을 기록하는 구생신(俱生神)이 있는데, 그가 죽은 이의 죄와 복을 적은 것을 염마왕에게 주면 염마왕이 죽은 이에게 물어 확인하고, 지은 바 죄와 복을 계산하여 판결을 내립니다.

이때 병자의 가족이나 친지 등이 그를 위해 약사유리광여래께 귀의하고 스님을 청하여 이 경전을 읽는 등 법대로 공양하면, 혹 그의 넋

이 돌아오는 경우도 있습니다.

　만일 7일·21일·35일·49일이 지나 그 사람의 넋이 다시 돌아올 때는 꿈에서 깨어난 것처럼 모든 선악의 업보를 모두 기억할 것이요, 업보가 헛되지 않다는 것을 스스로 증명할 것이며, 목숨이 다할 때까지 다시는 악업을 짓지 않을 것이옵니다.

　그러므로 신심 있는 선남자 선여인은 마땅히 약사유리광여래의 명호를 수지하여 힘이 닿는 데까지 공경하고 공양하고 받들어야 하옵니다."

　그때 아난이 구탈보살에게 여쭈었다.

　"선남자여, 약사유리광여래를 어떻게 공경하고 공양하고 받들어야 합니까?"

　"대덕 아난이여, 만일 어떤 환자가 중병에서 벗어나기를 원하면, 그 사람은 마땅히 7일 낮

과 밤동안 팔관재계를 지키면서, 음식과 공양
구들을 힘 닿는 대로 마련하여 비구승에게 공
양하고, 하루에 여섯 차례 약사유리광여래께 예
배드리고 공양하며, 이 경전을 마흔 아홉 번 독
송하고 마흔 아홉 개의 등을 밝혀야 합니다.

　곧 여래의 형상 일곱을 만들어 하나하나의
상 앞에 일곱 개의 등을 두되, 각 등의 크기
를 수레바퀴만하게 하며, 49일 동안 광명이 끊
이지 않게 해야 합니다. 그리고 길이가 49척
되는 오색의 비단 깃발을 만들어야 합니다.

　또한 여러 종류의 중생 49마리를 놓아주면
위험한 액난을 넘길 수 있고, 악귀에게 잡히는
등의 모든 횡액이 없어지게 됩니다.

　대덕 아난이여, 또 관정(灌頂)을 받은 왕에게 재
난이 닥쳐올 때가 있습니다. 곧 백성들에게 질
병의 난(難)이 있거나, 다른 나라가 침략을 하였거
나, 나라 안에서 반역의 난이 일어났거나, 별

자리의 변괴 및 일식·월식의 난이 일어났거나, 때 아닌 풍우(風雨)의 난이 일어났거나, 때가 지나도록 비가 오지 않는 등의 재난들이 있을 때, 저 관정을 받은 왕은 마땅히 모든 중생에게 자비심을 일으키고 옥에 갇힌 죄수들을 사면하면서, 조금 전에 말한 공양의 법식대로 약사유리광여래께 공양하고 받들어야 합니다.

왕이 이러한 선근을 심으면, 저 약사유리광여래께서 일찍이 세우신 수승한 대원에 의해 왕의 나라가 곧 안온하게 되나니, 풍우가 때맞추어 찾아들어 곡식이 잘 자라며, 나라 안의 모든 백성이 병 없이 안락하고 환희롭게 살게 되며, 야차 등의 나쁜 귀신들도 백성을 괴롭히는 일이 없고 악한 모습을 나타내지 않으며, 저 왕의 수명과 기력도 더하여져서 무병(無病)하고 자재(自在)하게 됩니다."

아난이 거듭 구탈보살에게 여쭈었다.

"선남자여, 어찌하여 다한 수명을 더 연장시킬 수 있다고 하십니까?"

구탈보살이 답하였다.

"대덕이여, 그대는 일찍이 여래께서 아홉가지 뜻하지 않은 죽음[九橫死]이 있다고 설하는 것을 듣지 못하였습니까? 바로 이 때문에 등과 깃발을 만들고 여러 가지 복덕을 닦을 것을 권하는 것이니, 복을 닦아야만 수명이 다할 때까지 괴로움과 환난을 겪지 않게 됩니다."

아난이 여쭈었다.

"아홉가지 뜻하지 않은 죽음인 구횡사가 무엇입니까?"

"어떤 중생은 병세가 중하지 않지만 의사와 약이 없고 간병인이 없어서 죽는 경우가 있고, 혹 의사가 치료를 하였으되 약을 잘못 쓰게 되면 횡사를 하게 됩니다. 또 사마외도와 요망하고 악한 귀신의 재앙을 부르는 무당이 망녕되게 화와 복에 대해 말하는 것을 믿고 두려워하면서 바르지 못한 점괘를 물어 화를 불러들이거나, 짐승들을 죽여 신명(神明)에게 호소하고 온갖 잡귀를 불러들여 복을 청하는 등, 어리석고 미혹하고 삿된 견해를 따르면서 목숨의 연장을 바라지만 끝내는 이룰 수 없게 되고, 마침내는 횡사하여 지옥에 떨어져서 나올 때를 기약할 수 없습니다. 이것을 첫 번째 횡사라고 이름합니다.

두 번째 횡사는 왕법(王法)에 의해 죽임을 당하는 것이요

세 번째 횡사는 사냥을 즐겨하며 돌아다니고 음란함과 술에 빠져들어 사람 아닌 것[非人]에게 정기를 빼앗겨 죽는 것이요

네 번째 횡사는 불에 타서 죽는 것이요

다섯 번째 횡사는 물에 빠져 죽는 것이요

여섯 번째 횡사는 사자·호랑이 등의 악한 짐승에게 잡아먹히는 것이요

일곱 번째 횡사는 절벽 등 높은 곳에서 떨어져 죽는 것이요

여덟 번째 횡사는 독약이나 저주의 기도, 주문으로 일으킨 시체에게 해를 입어 죽는 것이요

아홉 번째 횡사는 굶주림과 목마름의 고통 속에서 음식을 얻지 못해 죽는 것입니다.

이것이 여래께서 말씀하신 구횡사이며, 이밖에도 한량없이 많은 횡사들이 있으나 모두를 설하기는 어렵습니다.

또 아난이여, 세간에서 지은 선악들을 살피는 염마왕은 중생들 중에서 오역죄(五逆罪)를 짓고 불효를 하고 삼보를 욕되게 하고 군신(君臣)의 법을 무너뜨리고 믿음과 계율을 깨뜨리면, 그 죄의 경중에 따라 벌을 내립니다.

바로 이 때문에 나는 중생들을 온갖 괴로움과 재난에서부터 벗어나게끔 하기 위해 등을 밝히고 깃발을 만들고 방생 등의 복업을 닦을 것을 권하는 것입니다."

그때 대중 가운데 십이야차대장(十二夜叉大將)이 앉아 있었다. 그들은

궁비라대장(宮毘羅大將)   벌절라대장(伐折羅大將)   미기라대장(迷企羅大將)

안저라대장(安底羅大將)   알니라대장(頞你羅大將)   산저라대장(珊底羅大將)

인달라대장(因達羅大將)   파이라대장(波夷羅大將)   마호라대장(摩虎羅大將)

진달라대장(眞達羅大將)   초두라대장(招杜羅大將)   비갈라대장(毘羯羅大將)

이었다.

각기 7천 명의 야차들을 거느리고 있는 이 십이야차대장들이 한 목소리로 부처님께 아뢰었다.

"세존이시여, 저희는 지금 부처님의 위신력으로 약사유리광여래의 명호를 듣게 되어, 악

40

도에 대한 공포가 완전히 사라졌나이다.

지금 저희 모두는 한마음으로, 목숨이 다하도록 불·법·승 삼보에 귀의하옵고, 마땅히 일체 중생을 이롭게 하고 안락하게 할 것을 맹세하옵니다.

그리고 어떠한 마을이든 성이든 나라든 한적한 숲에서든, 이 경전을 유포하고 약사유리광여래의 명호를 수지하여 공경하고 공양하는 이가 있으면, 저희 권속들은 그 사람을 호위하여 모든 고난에서 해탈하게 하고, 구하는 것 모두를 얻을 수 있게 하겠나이다.

또 질병과 액난이 있는 중생이 이 경전을 독송하면서 벗어나기를 구하면 능히 해탈할 수 있게 하겠나이다."

세존께서 야차대장들을 칭찬하셨다.

"착하고 훌륭하도다, 야차대장들이여. 너희가 약사유리광여래의 은덕을 보답하고자 할진

대는, 마땅히 중생들을 이롭고 안락하게 하고자 노력해야 하느니라."

그때 아난이 부처님께 여쭈었다.
"세존이시여, 이 경전의 이름을 무엇이라 하오며, 어떻게 받들어 지녀야 하옵니까?"
부처님께서 아난에게 이르셨다.
"이 경을 '약사유리광여래본원공덕경(藥師琉璃光如來本願功德經)'이라 이름하며, '십이신장요익유정결원신주경(十二神將饒益有情結願神呪經)' 또는 '발제일체업장경(拔除一切業障經)'이라고도 하나니, 마땅히 이와 같은 이름으로 지닐지니라."

부처님께서 이렇게 설하여 마치자, 부처님의 설법을 들은 모든 보살마하살과 대성문(大聲聞), 국왕·대신·바라문·거사들, 천·용·야차·건달바·아수라·가루라·긴나라·마후라가와 인비인(人非人) 등이 크게 환희하면서 믿고 받들어 행하였다.

藥師琉璃光如來本願功德經
약사유리광여래본원공덕경

이와 같이 나는 들었다.

어느 때 세존(世尊)께서 여러 나라를 돌아다니며 교화하시다가, 광엄성(廣嚴城) 〔바이샬리〕의 낙음수(樂音樹) 아래에서 대비구 8천인과 보살 3만6천인과, 국왕·대신·바라문·거사와, 천·용·야차(天 龍 夜叉) 등의 팔부신중(八部神衆)과 무량한 대중의 공경을 받으며 설법을 하고 계셨다.

그때 부처님의 위신력(威神力)을 받들어 자리에서 일어난 문수사리 법왕자(文殊師利 法王子)가 오른쪽 어깨를 드러낸 다음 오른쪽 무릎을 꿇어 합장배례하고 아뢰었다.

"세존이시여, 바라옵건대 여러 부처님의 명호(名 號)와 근본대원(根本大願)과 수승한 공덕(功德)을 설하시어, 듣는 이들의 업장이 소멸되게 하옵시고, 정법(正法) 시

43

대 다음의 상법과 말법 시대 중생들에게도 이로움과 즐거움을 주옵소서."

부처님께서 문수사리보살을 칭찬하셨다.

"착하고 훌륭하도다, 문수사리여. 그대가 한량없는 자비심을 일으켜서, 여러 부처님의 명호와 본원과 공덕을 설할 것을 간곡히 청하여, 중생들을 결박하고 있는 업장을 뿌리뽑고, 상법과 말법 시대 중생들에게 이로움과 안락함을 주고자 하는구나. 문수사리여, 내 이제 그대를 위해 설하리니 잘 듣고 깊이 사유하여라."

"그렇게 하겠나이다. 부디 설하여 주옵소서."

부처님께서 문수사리보살에게 이르셨다.

"이곳에서 동쪽으로 10항하사 만큼의 불국토를 지나가면 정유리라는 세계가 있으며, 그 국토에는 약사유리광여래·응공·정등각·명행

44

원만·선서·세간해·무상사·조어장부·천인
圓滿 善逝 世間解 無上師 調御丈夫 天人
사·불세존이 계시느니라.
師 佛世尊

　　문수사리여, 이 약사유리광여래께서는 보살
도를 닦을 때 열두 가지 근본 대원을 발하여,
道
중생들이 구하는 바를 모두 얻게 하고자 하셨
나니, 그 십이대원은 다음과 같으니라.
十二大願

　　제1대원 : 제가 내세에 아눅다라삼먁삼보리를
阿耨多羅三藐三菩提
증득하였을 때, 제 몸의 찬란한 광명으로 한
량없고 수도 없고 끝이 없는 세계를 다 비추
고, 삼십이대장부상과 팔십종호로써 저의 몸
三十二大丈夫相 八十種好
을 장엄한 다음, 일체 중생도 저와 다름이 없
도록 하겠나이다.

　　제2대원 : 제가 내세에 보리를 증득하였을 때,
菩提
몸이 유리처럼 청정하여 티끌과 더러움이 없
고, 광명이 광대하고 공덕이 아주 높으며, 몸
에서 나오는 장엄한 빛은 해와 달을 능가하여

지이다. 그리고 그 빛을 받는 유명계^{幽冥界}의 중생은 새로운 삶을 얻고, 갈 곳을 알지 못하는 이들은 뜻하는 바 대로 사업을 성취할 수 있도록 하겠나이다.

제3대원 : 제가 내세에 보리를 증득하였을 때, 끝없고 한량없는 지혜와 방편으로 중생들이 필요로 하는 물건들을 가질 수 있게 하되, 조그마한 부족함도 없도록 하겠나이다.

제4대원 : 제가 내세에 보리를 증득하였을 때, 그릇된 도〔異道〕를 닦는 중생 모두를 바른 깨달음의 도〔菩提道〕 속에 편히 머물도록 할 것이며, 성문의 도를 행하거나 벽지불의 도를 행하는 이가 있으면 그들 모두를 대승 속에 편히 머물도록 하겠나이다.

제5대원 : 제가 내세에 보리를 증득하였을 때, 어떤 중생이 저의 법 가운데에서 청정행〔梵行〕을 닦게 되면, 그 중생의 수가 한량없고 끝이 없을지라도 모두 삼취정계(三聚淨戒)를 온전히 갖추도록 할 것이요, 파계를 하였을지라도 악도(惡道)에 떨어지는 이가 없도록 하겠나이다.

제6대원 : 제가 내세에 보리를 증득하였을 때, 어떤 중생의 몸이 열등하고 감각 기관을 온전히 갖추지 못하였거나, 추하고 더럽고 완고하고 어리석거나, 장님·귀머거리·벙어리·절름발이·앉은뱅이·곱추·나병환자·미치광이거나, 온갖 병에 시달리고 있을 때, 그 중생이 저의 이름을 진실한 마음으로 부르고 생각하면 온갖 병과 괴로움이 없도록 하겠나이다.

제7대원 : 제가 내세에 보리를 증득하였을 때, 어떤 중생이 병과 환난 속에서 핍박을 받고 있는데도, 의사도 없고 약도 없고 어버이도 없고 집도 없고 빈궁함과 괴로움만 많을 때, 저의 명호를 한 번만이라도 귀로 들으면 그 모든 고난이 없어질 뿐 아니라 몸과 마음이 안락하여지고 집과 권속과 재물이 모두 풍족하여지며, 마침내는 무상보리에 이를 수 있도록 하겠나이다.

제8대원 : 제가 내세에 보리를 증득하였을 때, 어떤 여인이 여자이기 때문에 부당한 대우를 받고 괴로움에 쪼들려서, 여자의 몸을 싫어하게 되고 여자의 몸을 버리기를 원할 때, 저의 이름을 듣기만 하여도 여자의 몸을 버린 다음 남자의 몸을 얻고, 마침내는 무상보리에 이를 수 있도록 하겠나이다.

제9대원 : 제가 내세에 보리를 증득하였을 때, 일체 중생으로 하여금 마(魔)의 그물에서 해탈하게 하고, 외도(外道)의 결박으로부터 벗어나게 하며, 온갖 나쁜 견해[惡見]의 수풀 속에 떨어졌을지라도 모두 포섭하여 정견(正見)을 내게 하고, 보살행을 차례대로 잘 닦게 하여, 빨리 무상보리에 이를 수 있도록 하겠나이다.

제10대원 : 제가 내세에 보리를 증득하였을 때, 국법(國法)을 어긴 어떤 중생이 붙잡혀서 매를 맞고 감옥에 갇히고 사형을 당하게 되었거나, 한량없는 재난(災難)으로 능욕을 당하고 슬픔과 근심에 휩싸여 몸과 마음이 괴롭기 그지없을 때 저의 이름을 듣게 되면, 저의 복덕과 위신력으로 모든 근심과 괴로움을 벗어날 수 있도록 하겠나이다.

제11대원 : 제가 내세에 보리를 증득하였을 때, 어떤 중생이 굶주림과 목마름 때문에 괴로워하다가 먹을 것을 구하기 위해 악업을 지었을지라도, 저의 이름을 듣고 온 마음을 다해 수지(受持)하면, 저는 먼저 아주 맛있는 음식으로 그의 배를 부르게 한 다음에, 법미(法味)를 베풀어 진정한 안락을 얻도록 하겠나이다.

제12대원 : 제가 내세에 보리를 증득하였을 때, 가난한 어떤 중생이 옷이 없어 파리와 모기에게 물리고 추위와 더위로 밤낮없이 괴로움을 당할 때, 저의 이름을 듣고 온 마음을 다해 수지하면, 그가 필요로 하는 옷과 보배들로 장식한 물건과 꽃과 향과 음악과 갖가지 놀이기구 등을 원하는 대로 만족스럽게 베풀어주겠나이다.

문수사리여, 이상이 약사유리광여래께서 정등각(正等覺)을 이루기 위해 보살도를 행할 때 발한 열두 가지 미묘하고 높은 서원이니라.

문수사리여, 저 약사유리광여래가 보살도를 행할 때 발한 서원과 그 불국토의 공덕장엄(功德莊嚴)에 대해 내가 1겁 또는 1겁 이상을 설명하여도 다 할 수 없나니, 그 불국토는 한결같이 청정하고 여인이 없고 삼악도(三惡道)와 괴로움의 신음 소리가 없느니라.

땅은 유리로 되어 있고, 길의 경계선은 황금

줄로 되어 있으며, 성의 문과 궁궐과 누각과 난간과 창문은 모두 칠보(七寶)로 이루어진 그물에 들러싸여 있는데, 서방 극락세계(西方 極樂世界)의 공덕장엄과 조금도 차이가 없느니라.

그 불국토 안에 두 보살마하살이 있나니, 일광변조보살(日光邊照菩薩)과 월광변조보살(月光邊照菩薩)로, 한량없이 많은 보살들의 우두머리가 되어 약사유리광여래의 정법보장(正法寶藏)을 지키고 있느니라.

그러므로 문수사리여, 신심(信心) 있는 선남자 선여인은 마땅히 저 불국토에 태어나기를 발원하여야 하느니라"

부처님께서 문수사리보살에게 또 이르셨다.

"문수사리여, 혹 어떤 중생이 선악(善惡)을 모르고, 탐욕과 인색함만을 품을 뿐 보시와 보시의 과보를 모르고, 어리석어 지혜가 없고 믿음의 뿌리〔信根〕가 없으면, 많은 재물을 모으고 지키는 데만 힘을 기울일 뿐, 구걸하는 이가

오는 것을 마음으로 기뻐하지 않으며, 부득이 보시를 하게 되면 매우 아까워하면서 몸에서 살을 떼어내는 것과 같은 아픔을 느끼느니라.

한없이 인색하고 탐욕스러운 이 중생은 자신을 위해서도 모은 재산을 쓰지 못하거늘, 어떻게 부모와 처자와 노비와 고용인과 구걸하러 오는 사람들에게 주겠느냐? 이러한 중생은 목숨을 마친 다음 아귀(餓鬼)나 축생(畜生)의 세계에 태어나느니라.

그러나 과거 인간세계에 있었을 때 잠깐 동안이라도 약사유리광여래의 명호를 들은 적이 있는 이는 아귀나 축생으로 있더라도 약사유리광여래의 명호가 잠깐 생각나게 되고, 명호가 생각나는 즉시 목숨이 끊어져 사람으로 다시 태어나게 되느니라.

나아가 과거를 아는 숙명지(宿命智)를 얻어 삼악도의 괴로움을 두려워하고 욕락(欲樂)을 좋아하지 않

게 되어, 은혜로운 보시를 기꺼이 행하고 보시하는 이들을 찬탄하느니라.

또한 소유하고 있는 모든 것에 대해 아까워하거나 탐착함이 없이 능히 보시를 하고, 점차로 머리와 눈과 손과 발과 살과 몸까지도 달라고 하는 이에게 모두 주고자 하거늘, 어찌 재물을 아까워하겠느냐!

또 문수사리여, 어떤 중생은 여래를 받들고 배우고 따르지만 계율을 범하는 경우가 있고, 계율을 범하지는 않지만 규칙을 범하는 경우가 있으며, 계율과 규칙을 범하지는 않지만 정견(正見)을 깨뜨리는 경우가 있느니라.

또 정견을 깨뜨리지는 않지만 많이 듣는 다문(多聞)을 버리기 때문에 부처님께서 설하는 경(經)의 깊은 뜻을 이해하지 못하게 되고, 다문은 할지라도 증상만(增上慢)에 빠져서 자기는 옳다 하고 남은 그르다고 할 뿐 아니라, 정법(正法)을 혐오하

고 비방하면서 마의 무리와 짝을 하게 되느니
라.

이 어리석은 사람은 스스로 사견(私見)을 행함은
물론, 무량 중생들까지 지옥에 떨어지게 만들
거나 지옥·아귀·축생의 세계를 하염없이 흘
러다니게 만드느니라.

그러나 저 약사유리광여래의 명호를 듣게
되면 곧 악행을 버리고 모든 선법(善法)을 닦아 삼
악도에 떨어지지 않게 되느니라. 그리고 악행
을 버리지도 못하고 선법을 닦지도 못하여 삼
악도에 떨어질지라도, 약사여래 본원(本願)의 위신력
으로 인해 여래의 명호를 잠깐 듣게 되면, 듣
는 즉시 삼악도에서의 목숨이 다하여 사람으
로 태어나게 되느니라.

그리하여 정견을 지니고 정진할 뿐 아니라
선하고 즐거운 마음으로 능히 집을 버리고 출
가하여, 여래의 가르침 속에서 진리를 수지하

여 깨뜨리거나 범하는 일이 없고, 정견과 다문을 통하여 깊은 뜻을 이해하여, 교만하거나 정법을 비방하거나 마와 함께 함이 없이, 보살의 모든 행을 차례로 닦아 원만한 깨달음을 속히 증득하게 되느니라.

또 문수사리여, 어떤 중생이 인색하고 탐욕을 부리고 시기질투하고 자기를 높이고 남을 비방하게 되면, 마땅히 악도에 떨어져서 무량한 세월동안 혹독한 고통을 받게 되고, 그곳에서의 목숨이 다하면 축생계에 태어나서 소나 말이나 낙타나 노새가 되느니라. 그리하여 항상 채찍이나 몽둥이로 맞고 굶주림과 목마름을 견디면서 무거운 짐을 지고 다니게 되느니라. 또한 사람으로 태어난다 하더라도 비천한 생활을 하고, 남의 노비가 되어 부림을 받으면서 자유롭지 못한 삶을 살게 되느니라.

그러나 일찍이 사람으로 있었을 때 약사유

리광여래의 명호를 들었다면, 그 선한 인연에 의해 다시 약사여래를 생각해내고 지극한 마음으로 귀의할 수 있게 되느니라.

그리고 그 즉시 약사여래의 위신력으로 온갖 괴로움에서 해탈하며, 모든 감각기관이 예리하고 지혜로워져서 많이 듣고 뛰어난 법을 구하며, 착한 벗을 만나 항상 서로 따르며, 능히 마의 그물을 끊고 무명의 껍질을 깨뜨려 번뇌의 강을 마르게 하며, 모든 생노병사(生老病死)와 근심과 슬픔과 고뇌에서 해탈하게 되느니라.

문수사리여, 또 어떤 중생은 서로 어긋나는 것을 좋아하기 때문에 소송을 하고 싸우면서 나와 남을 함께 괴롭게 하느니라. 몸과 말과 뜻으로 온갖 악업을 지을 뿐 아니라, 상대에게 손해를 주고자 어떠한 이익도 없는 짓을 하며, 상대를 모함하고 해치기 위해 산과 숲과 나무와 무덤 등의 온갖 신에게 고사를 지

내거나, 가축들을 잡아 그 피와 고기로 야차나 나찰에게 제사를 지내며, 원한이 있는 사람의 이름을 쓰거나 그 형상을 만들어 온갖 독^毒해^害를 끼치는 주술과 저주와 시체를 불러 일으키는 주문을 외워서, 상대의 목숨을 끊고 몸을 파괴하고자 하느니라.

그러나 약사유리광여래의 명호를 들은 이에게는 이 모든 악한 짓으로도 해를 끼치지 못할 뿐 아니라, 마음이 자비롭고 이롭고 안락하게 바뀌기 때문에, 괴롭히려는 생각이나 원한의 마음 없이 서로가 기뻐하고 만족하고 이롭게 하느니라.

또 문수사리여, 만약 비구·비구니·우바새·우바이의 사부대중과 신심 있는 선남자 선여인이 팔관재계^{八關齋戒}를 받고 매월 육재일^{六齋日}이나 삼장재월^{三長齋月}인 1월·5월·9월의 3개월 동안 계^戒를 잘 지닌다면, 이러한 선근으로 어디에서나 기쁘고

57

즐거울 뿐 아니라 원하는 모든 것을 얻게 되느니라.

그리고 그가 서방 극락세계의 무량수불(無量壽佛) 계신 곳에 태어나서 정법을 들을 수 있는 인연이 차지 않았을지라도, 약사유리광여래의 이름을 들은 이는 목숨이 다할 때 팔대보살(八大菩薩) 등이 허공을 타고 와서 길을 인도하여, 극락세계의 기이한 빛을 띤 보배 연꽃 안에서 자연(自然) 화생(化生)하게 하느니라.

만일 이 사람이 천상(天上)에 태어나기를 원하면 곧바로 천상에 태어나나니, 이미 닦은 선근이 한량 없기 때문에 다시는 나쁜 세상에 태어나지 않느니라.

그리고 천상에서의 목숨이 다하면 인간세계의 전륜왕(轉輪王)이 되어 사대주(四大洲)를 다스리면서 무량 중생들로 하여금 십선업(十善業)을 닦게 하거나, 대왕족·대바라문·대거사의 집안에 태어나나니, 보

배와 재물이 창고에 가득하고, 훌륭한 외모에
다 자재로움과 권속(眷屬)들을 구족하고, 총명한 지
혜와 대역사(大力士)의 용맹을 갖추게 되느니라.

또한 어떤 여인이 약사여래의 명호를 듣고
지극한 마음으로 수지하면, 이 여인은 여자의
몸을 영원히 여읠 수 있게 되느니라."

그때 문수사리보살이 부처님께 아뢰었다.
"맹세하옵니다, 세존이시여. 저는 온갖 방편
을 다해 약사유리광여래의 명호를 유포하여,
미래의 신심 있는 선남자 선여인이 그들의 처
소에서 이 부처님의 명호를 들을 수 있게 하
고, 잠자는 중에도 이 명호가 들리도록 하겠
나이다.

세존이시여, 만일 이 경전을 받아지녀서 독
송하거나, 다른 사람들에게 설하고 해석하고
깨닫게 해주거나, 스스로 사경(寫經)하고 남에게 사

경토록 하거나, 온갖 꽃과 향과 영락과 보당^{寶幢}
과 깃발 등으로 공양하거나, 이 경전을 오색
의 비단 주머니에 넣어 깨끗하고 높은 자리에
안치하면, 사대천왕^{四大天王}이 그 권속과 한없이 많은
천인들을 데리고 그곳으로 와서 공양하고 수
호하게 하겠나이다.

세존이시여, 이 경전을 보배롭게 유통시킬
때, 어떤 이가 이 경전을 수지하고 독송하여
저 약사유리광여래의 명호와 예전에 발하신
대원을 들었다면, 그가 횡사^{橫死}를 하거나 악귀들
에게 정기를 빼앗기는 일이 없도록 할 것이며,
이미 빼앗겼다 할지라도 다시 이전으로 돌아
와 안락한 삶을 이루도록 하겠나이다."

부처님께서 문수사리에게 이르셨다.

"옳고 옳도다, 문수사리여. 그대가 말한 대
로 될 것이니라.

문수사리여, 신심 있는 선남자 선여인이 약

사유리광여래를 공양하고자 할진대는, 마땅히 그 부처님의 존상을 청정한 자리에 안치한 다음, 온갖 꽃을 뿌리고 온갖 향을 태우고 여러가지 당(幢)과 번(幡)으로 그곳을 장엄해야 하느니라. 그리고 7일 낮 7일 밤 동안 팔관재계를 받아 지니면서 청정한 음식을 먹고 깨끗이 목욕하고 깨끗한 옷을 입은 다음, 더럽고 탁한 마음이나 성내는 마음을 비우고, 일체 중생에게 이익과 안락을 주는 자비희사(慈悲喜捨)와 평등심(平等心)을 일으켜야 하느니라. 또 북을 울리고 찬탄의 노래를 부르며 불상의 오른쪽으로 돌면서, 저 약사여래의 본원공덕을 생각하고 이 경전을 독송하여야 하느니라.

이렇게 하면 생각하는대로 원하는 것이 이루어지고, 하고자 하는 모든 것이 다 원만해지느니라. 곧 오래 살기를 바라면 장수하게 되고, 부자되기를 바라면 부자가 되고, 높은

자리에 오르고자 하면 그 지위를 얻고, 아들 딸을 희망하면 빼어난 아들과 딸을 얻게 되느니라.

또한 어떤 사람이 갑자기 악몽(惡夢)을 꾸거나 나쁜 모습들을 보거나 요괴스러운 새(怪鳥)[괴조]가 날아와서 모이거나 집안에 괴이한 일이 생겨날 때, 그 사람이 여러 가지 공양물을 마련하여 약사유리광여래께 공양하고 공경하게 되면, 모든 악몽과 나쁜 모습과 불길한 일들이 남김없이 사라지게 되느니라.

또한 물·불·칼·독(毒) 등으로 인한 공포나 높은 절벽에 매달리는 공포, 악한 코끼리·사자·호랑이·곰·독사·전갈·지네·그리마·모기 등으로 인한 공포가 있을 때, 저 약사여래를 간절히 생각하면 모든 공포에서 해탈하게 되며, 적군이 침범하였거나 도둑이 들어 두려움에 떨 때도 약사여래를 생각하고 공경하면 능히

해탈할 수 있느니라.

　문수사리여, 선남자 선여인이 불·법·승 삼보에 귀의하여 오계·십계·보살계·비구계·비구니계를 받았으나, 그 받은 계를 헐뜯고 범하여 삼악도에 떨어질 것을 두려워하고 있을 때, 저 약사유리광여래를 생각하고 공양하게 되면 결정코 삼악도의 과보를 받지 않게 되느니라.

　또한 어떤 여인이 출산을 하면서 극심한 고통을 받고 있을 때, 지극한 마음으로 약사유리광여래의 명호를 부르면서 공경하면 속히 고통에서 벗어나게 되며, 태어난 자식은 감각기관이 온전하고 모습이 단정하여 보는 사람을 즐겁게 하며, 근기가 예리하고 총명하고 안온하고 병이 적으며, 사람 아닌 것들에게 혼백을 빼앗기게 되는 일이 없느니라.

그때 세존께서 아난에게 이르셨다.
阿難

"아난아, 내가 칭송하고 찬양한 약사유리광여래의 모든 공덕은 제불께서도 이해하기가 쉽지 않거늘 너는 믿을 수 있겠느냐?"

아난이 부처님께 아뢰었다.

"큰 덕을 갖추신 세존이시여. 저는 여래께서 설하신 진리에 대해 의혹이 생기지 않습니다. 왜냐하면 모든 여래의 몸과 말과 뜻으로 행하는 업들은 청정하지 않은 것이 없기 때문입니다.

세존이시여, 해와 달을 능히 떨어뜨릴 수 있고 높은 산을 능히 이동시킬 수 있는 부처님들께서 하신 말씀은 절대로 틀림이 없사옵니다. 하지만 신심을 갖추지 못한 중생들은 세존께서 부처님들의 경계를 설하시는 것을 듣고 이렇게 생각합니다.

'어떻게 단지 저 약사유리광여래의 이름만

을 염할 뿐인데 그와 같은 큰 공덕을 얻을 수 있다는 것인가?'

이렇게 믿지 못하고 비방하게 되면, 그 중생은 큰 이익과 즐거움을 잃게 될 뿐 아니라, 여러 악도에 떨어져서, 길고 어두운 밤을 벗어나지 못함이 끝이 없게 되옵니다."

부처님께서 아난에게 이르셨다.

"아난아, 그러한 중생들도 세존이신 약사유리광여래의 명호를 듣고 지극한 마음으로 수지하게 되면 악도에 떨어지는 일이 없느니라.

아난아, 부처님들의 경계는 참으로 믿기 어렵거늘 너는 능히 수지하는구나. 마땅히 알아라. 이것이 바로 약사여래의 위신력이니라.

아난아, 모든 성문(聲聞)과 독각(獨覺)과 아직 초지(初地)에 오르지 못한 보살들은 모든 것을 여실(如實)하게 다 믿고 이해할 수 없느니라. 다만 일생보처보살(一生補處菩薩)

은 제외하노라.

아난아, 사람의 몸을 받기 어렵고 삼보를 믿고 공경하고 존중하기도 어렵지만, 저 약사유리광여래의 명호를 듣는 것은 몇 갑절 더 어렵느니라.

아난아, 저 약사유리광여래는 보살행이 한량없고 좋은 방편이 한량없고 광대한 서원이 한량없나니, 내가 1겁 또는 1겁이 넘도록 약사여래의 보살행원(菩薩行願)을 말하고, 겁이 다하도록 저 약사유리광여래께서 예전에 행하신 일과 수승한 대원들을 말하여도 결코 다 말할 수 없느니라."

그때 대중 가운데 있던 구탈(救脫)이라는 보살마하살이 자리에서 일어나 한쪽 어깨를 드러내고 오른쪽 무릎을 땅에 대어 합장배례한 다음 부처님께 아뢰었다.

"세존이시여, 미래세에 어떤 중생이 환난으로 곤욕을 당하고, 중병에 시달려 야위고 음식을 못먹고 목과 입술이 마르고 눈이 침침하여 잘 보이지 않고 죽음이 임박하게 되면, 부모·자식·형제들과 친척·친구들이 둘러 앉아 흐느껴 울게 됩니다. 그때 그 사람의 몸은 그 자리에 누워있지만, 염마왕(閻魔王)의 사자가 그의 넋을 이끌어 염마왕 앞으로 데리고 갑니다. 그런데 모든 중생에게는 언제나 중생과 함께하면서 착하고 악한 업을 기록하는 구생신(俱生神)이 있는데, 그가 죽은 이의 죄와 복을 적은 것을 염마왕에게 주면 염마왕이 죽은 이에게 물어 확인하고, 지은 바 죄와 복을 계산하여 판결을 내립니다.

이때 병자의 가족이나 친지 등이 그를 위해 약사유리광여래께 귀의하고 스님을 청하여 이 경전을 읽는 등 법대로 공양하면, 혹 그의 넋

이 돌아오는 경우도 있습니다.

　만일 7일·21일·35일·49일이 지나 그 사람의 넋이 다시 돌아올 때는 꿈에서 깨어난 것처럼 모든 선악의 업보를 모두 기억할 것이요, 업보가 헛되지 않다는 것을 스스로 증명할 것이며, 목숨이 다할 때까지 다시는 악업을 짓지 않을 것이옵니다.

　그러므로 신심 있는 선남자 선여인은 마땅히 약사유리광여래의 명호를 수지하여 힘이 닿는 데까지 공경하고 공양하고 받들어야 하옵니다."

　그때 아난이 구탈보살에게 여쭈었다.
　"선남자여, 약사유리광여래를 어떻게 공경하고 공양하고 받들어야 합니까?"
　"대덕 아난이여, 만일 어떤 환자가 중병에서 벗어나기를 원하면, 그 사람은 마땅히 7일 낮

과 밤동안 팔관재계를 지키면서, 음식과 공양구들을 힘 닿는 대로 마련하여 비구승에게 공양하고, 하루에 여섯 차례 약사유리광여래께 예배드리고 공양하며, 이 경전을 마흔 아홉 번 독송하고 마흔 아홉 개의 등을 밝혀야 합니다.

곧 여래의 형상 일곱을 만들어 하나하나의 상 앞에 일곱 개의 등을 두되, 각 등의 크기를 수레바퀴만하게 하며, 49일 동안 광명이 끊이지 않게 해야 합니다. 그리고 길이가 49척 되는 오색의 비단 깃발을 만들어야 합니다.

또한 여러 종류의 중생 49마리를 놓아주면 위험한 액난을 넘길 수 있고, 악귀에게 잡히는 등의 모든 횡액이 없어지게 됩니다.

대덕 아난이여, 또 관정(灌頂)을 받은 왕에게 재난이 닥쳐올 때가 있습니다. 곧 백성들에게 질병의 난(難)이 있거나, 다른 나라가 침략을 하였거나, 나라 안에서 반역의 난이 일어났거나, 별 자리의 변괴 및 일식·월식의 난이 일어났거나, 때 아닌 풍우(風雨)의 난이 일어났거나, 때가 지나도록 비가 오지 않는 등의 재난들이 있을 때, 저 관정을 받은 왕은 마땅히 모든 중생에게 자비심을 일으키고 옥에 갇힌 죄수들을 사면하면서, 조금 전에 말한 공양의 법식대로 약사유리광여래께 공양하고 받들어야 합니다.

왕이 이러한 선근을 심으면, 저 약사유리광여래께서 일찍이 세우신 수승한 대원에 의해 왕의 나라가 곧 안온하게 되나니, 풍우가 때맞추어 찾아들어 곡식이 잘 자라며, 나라 안의 모든 백성이 병 없이 안락하고 환희롭게 살게 되며, 야차 등의 나쁜 귀신들도 백성을 괴롭히는 일이 없고 악한 모습을 나타내지 않으며, 저 왕의 수명과 기력도 더하여져서 무병(無病)하고 자재(自在)하게 됩니다."

아난이 거듭 구탈보살에게 여쭈었다.

70

"선남자여, 어찌하여 다한 수명을 더 연장 시킬 수 있다고 하십니까?"

구탈보살이 답하였다.

"대덕이여, 그대는 일찍이 여래께서 아홉가지 뜻하지 않은 죽음[九橫死]이 있다고 설하는 것을 듣지 못하였습니까? 바로 이 때문에 등과 깃발을 만들고 여러 가지 복덕을 닦을 것을 권하는 것이니, 복을 닦아야만 수명이 다할 때까지 괴로움과 환난을 겪지 않게 됩니다."

아난이 여쭈었다.

"아홉가지 뜻하지 않은 죽음인 구횡사가 무엇입니까?"

"어떤 중생은 병세가 중하지 않지만 의사와 약이 없고 간병인이 없어서 죽는 경우가 있고, 혹 의사가 치료를 하였으되 약을 잘못 쓰게 되면 횡사를 하게 됩니다. 또 사마외도 邪魔外道

와 요망하고 악한 귀신의 재앙을 부르는 무
당이 망녕되게 화와 복에 대해 말하는 것을
믿고 두려워하면서 바르지 못한 점괘를 물어
화를 불러들이거나, 짐승들을 죽여 신명(神明)에게
호소하고 온갖 잡귀를 불러들여 복을 청하는
등, 어리석고 미혹하고 삿된 견해를 따르면서
목숨의 연장을 바라지만 끝내는 이를 수 없게
되고, 마침내는 횡사하여 지옥에 떨어져서 나
올 때를 기약할 수 없습니다. 이것을 첫 번째
횡사라고 이름합니다.

두 번째 횡사는 왕법(王法)에 의해 죽임을 당하는
것이요

세 번째 횡사는 사냥을 즐겨하며 돌아다니
고 음란함과 술에 빠져들어 사람 아닌 것〔非
人〕에게 정기를 빼앗겨 죽는 것이요

네 번째 횡사는 불에 타서 죽는 것이요

다섯 번째 횡사는 물에 빠져 죽는 것이요

72

여섯 번째 횡사는 사자·호랑이 등의 악한 짐승에게 잡아먹히는 것이요

일곱 번째 횡사는 절벽 등 높은 곳에서 떨어져 죽는 것이요

여덟 번째 횡사는 독약이나 저주의 기도, 주문으로 일으킨 시체에게 해를 입어 죽는 것이요

아홉 번째 횡사는 굶주림과 목마름의 고통 속에서 음식을 얻지 못해 죽는 것입니다.

이것이 여래께서 말씀하신 구횡사이며, 이밖에도 한량없이 많은 횡사들이 있으나 모두를 설하기는 어렵습니다.

또 아난이여, 세간에서 지은 선악들을 살피는 염마왕은 중생들 중에서 오역죄(五逆罪)를 짓고 불효를 하고 삼보를 욕되게 하고 군신(君臣)의 법을 무너뜨리고 믿음과 계율을 깨뜨리면, 그 죄의 경중에 따라 벌을 내립니다.

바로 이 때문에 나는 중생들을 온갖 괴로움과 재난에서부터 벗어나게끔 하기 위해 등을 밝히고 깃발을 만들고 방생 등의 복업을 닦을 것을 권하는 것입니다."

그때 대중 가운데 십이야차대장(十二夜叉大將)이 앉아 있었다. 그들은

궁비라대장(宮毘羅大將) 벌절라대장(伐折羅大將) 미기라대장(迷企羅大將)
안저라대장(安底羅大將) 알니라대장(頞你羅大將) 산저라대장(珊底羅大將)
인달라대장(因達羅大將) 파이라대장(波夷羅大將) 마호라대장(摩虎羅大將)
진달라대장(眞達羅大將) 초두라대장(招杜羅大將) 비갈라대장(毘羯羅大將)

이었다.

각기 7천 명의 야차들을 거느리고 있는 이 십이야차대장들이 한 목소리로 부처님께 아뢰었다.

"세존이시여, 저희는 지금 부처님의 위신력으로 약사유리광여래의 명호를 듣게 되어, 악

도에 대한 공포가 완전히 사라졌나이다.

지금 저희 모두는 한마음으로, 목숨이 다하도록 불·법·승 삼보에 귀의하옵고, 마땅히 일체 중생을 이롭게 하고 안락하게 할 것을 맹세하옵니다.

그리고 어떠한 마을이든 성이든 나라든 한적한 숲에서든, 이 경전을 유포하고 약사유리광여래의 명호를 수지하여 공경하고 공양하는 이가 있으면, 저희 권속들은 그 사람을 호위하여 모든 고난에서 해탈하게 하고, 구하는 것 모두를 얻을 수 있게 하겠나이다.

또 질병과 액난이 있는 중생이 이 경전을 독송하면서 벗어나기를 구하면 능히 해탈할 수 있게 하겠나이다."

세존께서 야차대장들을 칭찬하셨다.

"착하고 훌륭하도다, 야차대장들이여. 너희가 약사유리광여래의 은덕을 보답하고자 할진

대는, 마땅히 중생들을 이롭고 안락하게 하고자 노력해야 하느니라."

그때 아난이 부처님께 여쭈었다.

"세존이시여, 이 경전의 이름을 무엇이라 하오며, 어떻게 받들어 지녀야 하옵니까?"

부처님께서 아난에게 이르셨다.

"이 경을 '약사유리광여래본원공덕경(藥師琉璃光如來本願功德經)'이라 이름하며, '십이신장요익유정결원신주경(十二神將饒益有情結願神呪經)' 또는 '발제일체업장경(拔除一切業障經)'이라고도 하나니, 마땅히 이와 같은 이름으로 지닐지니라."

부처님께서 이렇게 설하여 마치자, 부처님의 설법을 들은 모든 보살마하살과 대성문(大聲聞), 국왕·대신·바라문·거사들, 천·용·야차·건달바·아수라·가루라·긴나라·마후라가와 인비인(人非人) 등이 크게 환희하면서 믿고 받들어 행하였다.

약사유리광여래본원공덕경
藥師琉璃光如來本願功德經

이와 같이 나는 들었다.

어느 때 세존(世尊)께서 여러 나라를 돌아다니며 교화하시다가, 광엄성(廣嚴城)〔바이샬리〕의 낙음수(樂音樹) 아래에서 대비구 8천인과 보살 3만6천인과, 국왕·대신·바라문·거사와, 천(天)·용(龍)·야차(夜叉) 등의 팔부신중(八部神衆)과 무량한 대중의 공경을 받으며 설법을 하고 계셨다.

그때 부처님의 위신력(威神力)을 받들어 자리에서 일어난 문수사리(文殊師利) 법왕자(法王子)가 오른쪽 어깨를 드러낸 다음 오른쪽 무릎을 꿇어 합장배례하고 아뢰었다.

"세존이시여, 바라옵건대 여러 부처님의 명호(名號)와 근본대원(根本大願)과 수승한 공덕(功德)을 설하시어, 듣는 이들의 업장이 소멸되게 하옵시고, 정법(正法) 시대 다음의 상법과 말법 시대 중생들에게도 이로움과 즐거움을 주옵소서."

부처님께서 문수사리보살을 칭찬하셨다.

"착하고 훌륭하도다, 문수사리여. 그대가 한량없는 자비심을 일으켜서, 여러 부처님의 명호와 본원과 공덕을 설할 것을 간곡히 청하여, 중생들을 결박하고 있는 업장을 뿌리뽑고, 상법과 말법 시대 중생들에게 이로움과 안락함을 주고자 하는구나. 문수사리여, 내 이제 그대를 위해 설하리니 잘 듣고 깊이 사유하여라."

"그렇게 하겠나이다. 부디 설하여 주옵소서."

부처님께서 문수사리보살에게 이르셨다.

"이곳에서 동쪽으로 10항하사 만큼의 불국토를 지나가면 정유리라는 세계가 있으며, 그 국토에는 약사유리광여래·응공·정등각·명행

원만·선서·세간해·무상사·조어장부·천인
사·불세존이 계시느니라.

문수사리여, 이 약사유리광여래께서는 보살
도를 닦을 때 열두 가지 근본 대원을 발하여,
중생들이 구하는 바를 모두 얻게 하고자 하셨
나니, 그 십이대원은 다음과 같으니라.

제1대원 : 제가 내세에 아뇩다라삼먁삼보리를
증득하였을 때, 제 몸의 찬란한 광명으로 한
량없고 수도 없고 끝이 없는 세계를 다 비추
고, 삼십이대장부상과 팔십종호로써 저의 몸
을 장엄한 다음, 일체 중생도 저와 다름이 없
도록 하겠나이다.

제2대원 : 제가 내세에 보리를 증득하였을 때,
몸이 유리처럼 청정하여 티끌과 더러움이 없
고, 광명이 광대하고 공덕이 아주 높으며, 몸
에서 나오는 장엄한 빛은 해와 달을 능가하여

지이다. 그리고 그 빛을 받는 유명계(幽冥界)의 중생은 새로운 삶을 얻고, 갈 곳을 알지 못하는 이들은 뜻하는 바 대로 사업을 성취할 수 있도록 하겠나이다.

제3대원 : 제가 내세에 보리를 증득하였을 때, 끝없고 한량없는 지혜와 방편으로 중생들이 필요로 하는 물건들을 가질 수 있게 하되, 조그마한 부족함도 없도록 하겠나이다.

제4대원 : 제가 내세에 보리를 증득하였을 때, 그릇된 도[異道]를 닦는 중생 모두를 바른 깨달음의 도[菩提道] 속에 편히 머물도록 할 것이며, 성문의 도[聲聞道]를 행하거나 벽지불의 도[辟支佛道]를 행하는 이가 있으면 그들 모두를 대승(大乘) 속에 편히 머물도록 하겠나이다.

제5대원 : 제가 내세에 보리를 증득하였을 때, 어떤 중생이 저의 법 가운데에서 청정행[梵行]을 닦게 되면, 그 중생의 수가 한량없고 끝이 없을지라도 모두 삼취정계^{三聚淨戒}를 온전히 갖추도록 할 것이요, 파계를 하였을지라도 악도^{惡道}에 떨어지는 이가 없도록 하겠나이다.

제6대원 : 제가 내세에 보리를 증득하였을 때, 어떤 중생의 몸이 열등하고 감각 기관을 온전히 갖추지 못하였거나, 추하고 더럽고 완고하고 어리석거나, 장님·귀머거리·벙어리·절름발이·앉은뱅이·곱추·나병환자·미치광이거나, 온갖 병에 시달리고 있을 때, 그 중생이 저의 이름을 진실한 마음으로 부르고 생각하면 온갖 병과 괴로움이 없도록 하겠나이다.

제7대원 : 제가 내세에 보리를 증득하였을 때, 어떤 중생이 병과 환난 속에서 핍박을 받고 있는데도, 의사도 없고 약도 없고 어버이도 없고 집도 없고 빈궁함과 괴로움만 많을 때, 저의 명호를 한 번만이라도 귀로 들으면 그 모든 고난이 없어질 뿐 아니라 몸과 마음이 안락하여지고 집과 권속과 재물이 모두 풍족하여지며, 마침내는 무상보리에 이를 수 있도록 하겠나이다.

제8대원 : 제가 내세에 보리를 증득하였을 때, 어떤 여인이 여자이기 때문에 부당한 대우를 받고 괴로움에 쪼들려서, 여자의 몸을 싫어하게 되고 여자의 몸을 버리기를 원할 때, 저의 이름을 듣기만 하여도 여자의 몸을 버린 다음 남자의 몸을 얻고, 마침내는 무상보리에 이를 수 있도록 하겠나이다.

제9대원 : 제가 내세에 보리를 증득하였을 때, 일체 중생으로 하여금 마(魔)의 그물에서 해탈하게 하고, 외도(外道)의 결박으로부터 벗어나게 하며, 온갖 나쁜 견해[惡見]의 수풀 속에 떨어졌을지라도 모두 포섭하여 정견(正見)을 내게 하고, 보살행을 차례대로 잘 닦게 하여, 빨리 무상보리에 이를 수 있도록 하겠나이다.

제10대원 : 제가 내세에 보리를 증득하였을 때, 국법(國法)을 어긴 어떤 중생이 붙잡혀서 매를 맞고 감옥에 갇히고 사형을 당하게 되었거나, 한량없는 재난(災難)으로 능욕을 당하고 슬픔과 근심에 휩싸여 몸과 마음이 괴롭기 그지없을 때 저의 이름을 듣게 되면, 저의 복덕과 위신력으로 모든 근심과 괴로움을 벗어날 수 있도록 하겠나이다.

제11대원 : 제가 내세에 보리를 증득하였을 때, 어떤 중생이 굶주림과 목마름 때문에 괴로워하다가 먹을 것을 구하기 위해 악업을 지었을지라도, 저의 이름을 듣고 온 마음을 다해 수지(受持)하면, 저는 먼저 아주 맛있는 음식으로 그의 배를 부르게 한 다음에, 법미(法味)를 베풀어 진정한 안락을 얻도록 하겠나이다.

제12대원 : 제가 내세에 보리를 증득하였을 때, 가난한 어떤 중생이 옷이 없어 파리와 모기에게 물리고 추위와 더위로 밤낮없이 괴로움을 당할 때, 저의 이름을 듣고 온 마음을 다해 수지하면, 그가 필요로 하는 옷과 보배들로 장식한 물건과 꽃과 향과 음악과 갖가지 놀이기구 등을 원하는 대로 만족스럽게 베풀어주겠나이다.

문수사리여, 이상이 약사유리광여래께서 정등각(正等覺)을 이루기 위해 보살도를 행할 때 발한 열두 가지 미묘하고 높은 서원이니라.

문수사리여, 저 약사유리광여래가 보살도를 행할 때 발한 서원과 그 불국토의 공덕장엄(功德莊嚴)에 대해 내가 1겁 또는 1겁 이상을 설명하여도 다할 수 없나니, 그 불국토는 한결같이 청정하고 여인이 없고 삼악도(三惡道)와 괴로움의 신음 소리가 없느니라.

땅은 유리로 되어 있고, 길의 경계선은 황금

줄로 되어 있으며, 성의 문과 궁궐과 누각과 난간과 창문은 모두 칠보(七寶)로 이루어진 그물에 들러싸여 있는데, 서방 극락세계(西方極樂世界)의 공덕장엄과 조금도 차이가 없느니라.

그 불국토 안에 두 보살마하살이 있나니, 일광변조보살(日光邊照菩薩)과 월광변조보살(月光邊照菩薩)로, 한량없이 많은 보살들의 우두머리가 되어 약사유리광여래의 정법보장(正法寶藏)을 지키고 있느니라.

그러므로 문수사리여, 신심(信心) 있는 선남자 선여인은 마땅히 저 불국토에 태어나기를 발원하여야 하느니라"

부처님께서 문수사리보살에게 또 이르셨다.

"문수사리여, 혹 어떤 중생이 선악(善惡)을 모르고, 탐욕과 인색함만을 품을 뿐 보시와 보시의 과보를 모르고, 어리석어 지혜가 없고 믿음의 뿌리〔信根〕가 없으면, 많은 재물을 모으고 지키는 데만 힘을 기울일 뿐, 구걸하는 이가

오는 것을 마음으로 기뻐하지 않으며, 부득이 보시를 하게 되면 매우 아까워하면서 몸에서 살을 떼어내는 것과 같은 아픔을 느끼느니라.

한없이 인색하고 탐욕스러운 이 중생은 자신을 위해서도 모은 재산을 쓰지 못하거늘, 어떻게 부모와 처자와 노비와 고용인과 구걸하러 오는 사람들에게 주겠느냐? 이러한 중생은 목숨을 마친 다음 아귀나 축생의 세계에 태어나느니라.

그러나 과거 인간세계에 있었을 때 잠깐 동안이라도 약사유리광여래의 명호를 들은 적이 있는 이는 아귀나 축생으로 있더라도 약사유리광여래의 명호가 잠깐 생각나게 되고, 명호가 생각나는 즉시 목숨이 끊어져 사람으로 다시 태어나게 되느니라.

나아가 과거를 아는 숙명지(宿命智)를 얻어 삼악도의 괴로움을 두려워하고 욕락(欲樂)을 좋아하지 않

게 되어, 은혜로운 보시를 기꺼이 행하고 보시하는 이들을 찬탄하느니라.

또한 소유하고 있는 모든 것에 대해 아까워하거나 탐착함이 없이 능히 보시를 하고, 점차로 머리와 눈과 손과 발과 살과 몸까지도 달라고 하는 이에게 모두 주고자 하거늘, 어찌 재물을 아까워하겠느냐!

또 문수사리여, 어떤 중생은 여래를 받들고 배우고 따르지만 계율을 범하는 경우가 있고, 계율을 범하지는 않지만 규칙을 범하는 경우가 있으며, 계율과 규칙을 범하지는 않지만 정^正견^見을 깨뜨리는 경우가 있느니라.

또 정견을 깨뜨리지는 않지만 많이 듣는 다^多문^聞을 버리기 때문에 부처님께서 설하는 경^經의 깊은 뜻을 이해하지 못하게 되고, 다문은 할지라도 증상만^{增上慢}에 빠져서 자기는 옳다 하고 남은 그르다고 할 뿐 아니라, 정법^{正法}을 혐오하고 비방하면서 마의 무리와 짝을 하게 되느니라.

이 어리석은 사람은 스스로 사견(私見)을 행함은 물론, 무량 중생들까지 지옥에 떨어지게 만들거나 지옥·아귀·축생의 세계를 하염없이 흘러다니게 만드느니라.

그러나 저 약사유리광여래의 명호를 듣게 되면 곧 악행을 버리고 모든 선법(善法)을 닦아 삼악도에 떨어지지 않게 되느니라. 그리고 악행을 버리지도 못하고 선법을 닦지도 못하여 삼악도에 떨어질지라도, 약사여래 본원(本願)의 위신력으로 인해 여래의 명호를 잠깐 듣게 되면, 듣는 즉시 삼악도에서의 목숨이 다하여 사람으로 태어나게 되느니라.

그리하여 정견을 지니고 정진할 뿐 아니라 선하고 즐거운 마음으로 능히 집을 버리고 출가하여, 여래의 가르침 속에서 진리를 수지하

여 깨뜨리거나 범하는 일이 없고, 정견과 다문을 통하여 깊은 뜻을 이해하여, 교만하거나 정법을 비방하거나 마와 함께 함이 없이, 보살의 모든 행을 차례로 닦아 원만한 깨달음을 속히 증득하게 되느니라.

또 문수사리여, 어떤 중생이 인색하고 탐욕을 부리고 시기질투하고 자기를 높이고 남을 비방하게 되면, 마땅히 악도에 떨어져서 무량한 세월동안 혹독한 고통을 받게 되고, 그곳에서의 목숨이 다하면 축생계에 태어나서 소나 말이나 낙타나 노새가 되느니라. 그리하여 항상 채찍이나 몽둥이로 맞고 굶주림과 목마름을 견디면서 무거운 짐을 지고 다니게 되느니라. 또한 사람으로 태어난다 하더라도 비천한 생활을 하고, 남의 노비가 되어 부림을 받으면서 자유롭지 못한 삶을 살게 되느니라.

그러나 일찍이 사람으로 있었을 때 약사유

리광여래의 명호를 들었다면, 그 선한 인연에 의해 다시 약사여래를 생각해내고 지극한 마음으로 귀의할 수 있게 되느니라.

그리고 그 즉시 약사여래의 위신력으로 온갖 괴로움에서 해탈하며, 모든 감각기관이 예리하고 지혜로워져서 많이 듣고 뛰어난 법을 구하며, 착한 벗을 만나 항상 서로 따르며, 능히 마의 그물을 끊고 무명의 껍질을 깨뜨려 번뇌의 강을 마르게 하며, 모든 생노병사(生老病死)와 근심과 슬픔과 고뇌에서 해탈하게 되느니라.

문수사리여, 또 어떤 중생은 서로 어긋나는 것을 좋아하기 때문에 소송을 하고 싸우면서 나와 남을 함께 괴롭게 하느니라. 몸과 말과 뜻으로 온갖 악업을 지을 뿐 아니라, 상대에게 손해를 주고자 어떠한 이익도 없는 짓을 하며, 상대를 모함하고 해치기 위해 산과 숲과 나무와 무덤 등의 온갖 신에게 고사를 지

내거나, 가축들을 잡아 그 피와 고기로 야차나 나찰에게 제사를 지내며, 원한이 있는 사람의 이름을 쓰거나 그 형상을 만들어 온갖 독(毒)해(害)를 끼치는 주술과 저주와 시체를 불러 일으키는 주문을 외워서, 상대의 목숨을 끊고 몸을 파괴하고자 하느니라.

그러나 약사유리광여래의 명호를 들은 이에게는 이 모든 악한 짓으로도 해를 끼치지 못할 뿐 아니라, 마음이 자비롭고 이롭고 안락하게 바뀌기 때문에, 괴롭히려는 생각이나 원한의 마음 없이 서로가 기뻐하고 만족하고 이롭게 하느니라.

또 문수사리여, 만약 비구·비구니·우바새·우바이의 사부대중과 신심 있는 선남자 선여인이 팔관재계(八關齋戒)를 받고 매월 육재일(六齋日)이나 삼장재월(三長齋月)인 1월·5월·9월의 3개월 동안 계(戒)를 잘 지닌다면, 이러한 선근으로 어디에서나 기쁘고

즐거울 뿐 아니라 원하는 모든 것을 얻게 되느니라.

그리고 그가 서방 극락세계의 무량수불(無量壽佛) 계신 곳에 태어나서 정법을 들을 수 있는 인연이 차지 않았을지라도, 약사유리광여래의 이름을 들은 이는 목숨이 다할 때 팔대보살(八大菩薩) 등이 허공을 타고 와서 길을 인도하여, 극락세계의 기이한 빛을 띤 보배 연꽃 안에서 자연(自然) 화생(化生)하게 하느니라.

만일 이 사람이 천상(天上)에 태어나기를 원하면 곧바로 천상에 태어나나니, 이미 닦은 선근이 한량 없기 때문에 다시는 나쁜 세상에 태어나지 않느니라.

그리고 천상에서의 목숨이 다하면 인간세계의 전륜왕(轉輪王)이 되어 사대주(四大洲)를 다스리면서 무량 중생들로 하여금 십선업(十善業)을 닦게 하거나, 대왕족·대바라문·대거사의 집안에 태어나나니, 보

배와 재물이 창고에 가득하고, 훌륭한 외모에
다 자재로움과 권속(眷屬)들을 구족하고, 총명한 지
혜와 대역사(大力士)의 용맹을 갖추게 되느니라.

또한 어떤 여인이 약사여래의 명호를 듣고
지극한 마음으로 수지하면, 이 여인은 여자의
몸을 영원히 여읠 수 있게 되느니라."

그때 문수사리보살이 부처님께 아뢰었다.
"맹세하옵니다, 세존이시여. 저는 온갖 방편
을 다해 약사유리광여래의 명호를 유포하여,
미래의 신심 있는 선남자 선여인이 그들의 처
소에서 이 부처님의 명호를 들을 수 있게 하
고, 잠자는 중에도 이 명호가 들리도록 하겠
나이다.

세존이시여, 만일 이 경전을 받아지녀서 독
송하거나, 다른 사람들에게 설하고 해석하고
깨닫게 해주거나, 스스로 사경(寫經)하고 남에게 사

경토록 하거나, 온갖 꽃과 향과 영락과 보당(寶幢)
과 깃발 등으로 공양하거나, 이 경전을 오색
의 비단 주머니에 넣어 깨끗하고 높은 자리에
안치하면, 사대천왕(四大天王)이 그 권속과 한없이 많은
천인들을 데리고 그곳으로 와서 공양하고 수
호하게 하겠나이다.

　세존이시여, 이 경전을 보배롭게 유통시킬
때, 어떤 이가 이 경전을 수지하고 독송하여
저 약사유리광여래의 명호와 예전에 발하신
대원을 들었다면, 그가 횡사(橫死)를 하거나 악귀들
에게 정기를 빼앗기는 일이 없도록 할 것이며,
이미 빼앗겼다 할지라도 다시 이전으로 돌아
와 안락한 삶을 이루도록 하겠나이다.”

　부처님께서 문수사리에게 이르셨다.

　“옳고 옳도다, 문수사리여. 그대가 말한 대
로 될 것이니라.

　문수사리여, 신심 있는 선남자 선여인이 약

사유리광여래를 공양하고자 할진대는, 마땅히 그 부처님의 존상을 청정한 자리에 안치한 다음, 온갖 꽃을 뿌리고 온갖 향을 태우고 여러 가지 당(幢)과 번(幡)으로 그곳을 장엄해야 하느니라. 그리고 7일 낮 7일 밤 동안 팔관재계를 받아지니면서 청정한 음식을 먹고 깨끗이 목욕하고 깨끗한 옷을 입은 다음, 더럽고 탁한 마음이나 성내는 마음을 비우고, 일체 중생에게 이익과 안락을 주는 자비희사(慈悲喜捨)와 평등심(平等心)을 일으켜야 하느니라. 또 북을 울리고 찬탄의 노래를 부르며 불상의 오른쪽으로 돌면서, 저 약사여래의 본원공덕을 생각하고 이 경전을 독송하여야 하느니라.

이렇게 하면 생각하는대로 원하는 것이 이루어지고, 하고자 하는 모든 것이 다 원만해지느니라. 곧 오래 살기를 바라면 장수하게 되고, 부자되기를 바라면 부자가 되고, 높은

자리에 오르고자 하면 그 지위를 얻고, 아들 딸을 희망하면 빼어난 아들과 딸을 얻게 되느니라.

또한 어떤 사람이 갑자기 악몽(惡夢)을 꾸거나 나쁜 모습들을 보거나 요괴스러운 새(怪鳥)가 날아와서 모이거나 집안에 괴이한 일이 생겨날 때, 그 사람이 여러 가지 공양물을 마련하여 약사유리광여래께 공양하고 공경하게 되면, 모든 악몽과 나쁜 모습과 불길한 일들이 남김 없이 사라지게 되느니라.

또한 물·불·칼·독(毒) 등으로 인한 공포나 높은 절벽에 매달리는 공포, 악한 코끼리·사자·호랑이·곰·독사·전갈·지네·그리마·모기 등으로 인한 공포가 있을 때, 저 약사여래를 간절히 생각하면 모든 공포에서 해탈하게 되며, 적군이 침범하였거나 도둑이 들어 두려움에 떨 때도 약사여래를 생각하고 공경하면 능히

해탈할 수 있느니라.

  문수사리여, 선남자 선여인이 불·법·승 삼
보에 귀의하여 오계·십계·보살계·비구계·비
구니계를 받았으나, 그 받은 계를 헐뜯고 범
하여 삼악도에 떨어질 것을 두려워하고 있을
때, 저 약사유리광여래를 생각하고 공양하게
되면 결정코 삼악도의 과보를 받지 않게 되느
니라.

  또한 어떤 여인이 출산을 하면서 극심한 고
통을 받고 있을 때, 지극한 마음으로 약사유
리광여래의 명호를 부르면서 공경하면 속히
고통에서 벗어나게 되며, 태어난 자식은 감각
기관이 온전하고 모습이 단정하여 보는 사람
을 즐겁게 하며, 근기가 예리하고 총명하고 안
온하고 병이 적으며, 사람 아닌 것들에게 혼백
을 빼앗기게 되는 일이 없느니라.

그때 세존께서 아난에게 이르셨다.

"아난아, 내가 칭송하고 찬양한 약사유리광여래의 모든 공덕은 제불께서도 이해하기가 쉽지 않거늘 너는 믿을 수 있겠느냐?"

아난이 부처님께 아뢰었다.

"큰 덕을 갖추신 세존이시여. 저는 여래께서 설하신 진리에 대해 의혹이 생기지 않습니다. 왜냐하면 모든 여래의 몸과 말과 뜻으로 행하는 업들은 청정하지 않은 것이 없기 때문입니다.

세존이시여, 해와 달을 능히 떨어뜨릴 수 있고 높은 산을 능히 이동시킬 수 있는 부처님들께서 하신 말씀은 절대로 틀림이 없사옵니다. 하지만 신심을 갖추지 못한 중생들은 세존께서 부처님들의 경계를 설하시는 것을 듣고 이렇게 생각합니다.

'어떻게 단지 저 약사유리광여래의 이름만

을 염할 뿐인데 그와 같은 큰 공덕을 얻을 수 있다는 것인가?'

이렇게 믿지 못하고 비방하게 되면, 그 중생은 큰 이익과 즐거움을 잃게 될 뿐 아니라, 여러 악도에 떨어져서, 길고 어두운 밤을 벗어나지 못함이 끝이 없게 되옵니다."

부처님께서 아난에게 이르셨다.

"아난아, 그러한 중생들도 세존이신 약사유리광여래의 명호를 듣고 지극한 마음으로 수지하게 되면 악도에 떨어지는 일이 없느니라.

아난아, 부처님들의 경계는 참으로 믿기 어렵거늘 너는 능히 수지하는구나. 마땅히 알아라. 이것이 바로 약사여래의 위신력이니라.

아난아, 모든 성문과 독각과 아직 초지에 오르지 못한 보살들은 모든 것을 여실하게 다 믿고 이해할 수 없느니라. 다만 일생보처보살

은 제외하노라.

 아난아, 사람의 몸을 받기 어렵고 삼보를 믿고 공경하고 존중하기도 어렵지만, 저 약사 유리광여래의 명호를 듣는 것은 몇 갑절 더 어렵느니라.

 아난아, 저 약사유리광여래는 보살행이 한량없고 좋은 방편이 한량없고 광대한 서원이 한량없나니, 내가 1겁 또는 1겁이 넘도록 약사 여래의 보살행원(菩薩行願)을 말하고, 겁이 다하도록 저 약사유리광여래께서 예전에 행하신 일과 수승한 대원들을 말하여도 결코 다 말할 수 없느니라."

 그때 대중 가운데 있던 구탈(救脫)이라는 보살마하살이 자리에서 일어나 한쪽 어깨를 드러내고 오른쪽 무릎을 땅에 대어 합장배례한 다음 부처님께 아뢰었다.

"세존이시여, 미래세에 어떤 중생이 환난으로 곤욕을 당하고, 중병에 시달려 야위고 음식을 못먹고 목과 입술이 마르고 눈이 침침하여 잘 보이지 않고 죽음이 임박하게 되면, 부모·자식·형제들과 친척·친구들이 둘러 앉아 흐느껴 울게 됩니다. 그때 그 사람의 몸은 그 자리에 누워있지만, 염마왕(閻魔王)의 사자가 그의 넋을 이끌어 염마왕 앞으로 데리고 갑니다. 그런데 모든 중생에게는 언제나 중생과 함께하면서 착하고 악한 업을 기록하는 구생신(俱生神)이 있는데, 그가 죽은 이의 죄와 복을 적은 것을 염마왕에게 주면 염마왕이 죽은 이에게 물어 확인하고, 지은 바 죄와 복을 계산하여 판결을 내립니다.

이때 병자의 가족이나 친지 등이 그를 위해 약사유리광여래께 귀의하고 스님을 청하여 이 경전을 읽는 등 법대로 공양하면, 혹 그의 넋

이 돌아오는 경우도 있습니다.

만일 7일·21일·35일·49일이 지나 그 사람의 넋이 다시 돌아올 때는 꿈에서 깨어난 것처럼 모든 선악의 업보를 모두 기억할 것이요, 업보가 헛되지 않다는 것을 스스로 증명할 것이며, 목숨이 다할 때까지 다시는 악업을 짓지 않을 것이옵니다.

그러므로 신심 있는 선남자 선여인은 마땅히 약사유리광여래의 명호를 수지하여 힘이 닿는 데까지 공경하고 공양하고 받들어야 하옵니다."

그때 아난이 구탈보살에게 여쭈었다.

"선남자여, 약사유리광여래를 어떻게 공경하고 공양하고 받들어야 합니까?"

"대덕 아난이여, 만일 어떤 환자가 중병에서 벗어나기를 원하면, 그 사람은 마땅히 7일 낮

과 밤동안 팔관재계를 지키면서, 음식과 공양구들을 힘 닿는 대로 마련하여 비구승에게 공양하고, 하루에 여섯 차례 약사유리광여래께 예배드리고 공양하며, 이 경전을 마흔 아홉 번 독송하고 마흔 아홉 개의 등을 밝혀야 합니다.

곧 여래의 형상 일곱을 만들어 하나하나의 상 앞에 일곱 개의 등을 두되, 각 등의 크기를 수레바퀴만하게 하며, 49일 동안 광명이 끊이지 않게 해야 합니다. 그리고 길이가 49척 되는 오색의 비단 깃발을 만들어야 합니다.

또한 여러 종류의 중생 49마리를 놓아주면 위험한 액난을 넘길 수 있고, 악귀에게 잡히는 등의 모든 횡액이 없어지게 됩니다.

대덕 아난이여, 또 관정(灌頂)을 받은 왕에게 재난이 닥쳐올 때가 있습니다. 곧 백성들에게 질병의 난(難)이 있거나, 다른 나라가 침략을 하였거나, 나라 안에서 반역의 난이 일어났거나, 별 자리의 변괴 및 일식·월식의 난이 일어났거나, 때 아닌 풍우($風雨$)의 난이 일어났거나, 때가 지나도록 비가 오지 않는 등의 재난들이 있을 때, 저 관정을 받은 왕은 마땅히 모든 중생에게 자비심을 일으키고 옥에 갇힌 죄수들을 사면하면서, 조금 전에 말한 공양의 법식대로 약사유리광여래께 공양하고 받들어야 합니다.

왕이 이러한 선근을 심으면, 저 약사유리광여래께서 일찍이 세우신 수승한 대원에 의해 왕의 나라가 곧 안온하게 되나니, 풍우가 때맞추어 찾아들어 곡식이 잘 자라며, 나라 안의 모든 백성이 병 없이 안락하고 환희롭게 살게 되며, 야차 등의 나쁜 귀신들도 백성을 괴롭히는 일이 없고 악한 모습을 나타내지 않으며, 저 왕의 수명과 기력도 더하여져서 무병($無病$)하고 자재($自在$)하게 됩니다."

아난이 거듭 구탈보살에게 여쭈었다.

"선남자여, 어찌하여 다한 수명을 더 연장시킬 수 있다고 하십니까?"

구탈보살이 답하였다.

"대덕이여, 그대는 일찍이 여래께서 아홉가지 뜻하지 않은 죽음[九橫死]이 있다고 설하는 것을 듣지 못하였습니까? 바로 이 때문에 등과 깃발을 만들고 여러 가지 복덕을 닦을 것을 권하는 것이니, 복을 닦아야만 수명이 다할 때까지 괴로움과 환난을 겪지 않게 됩니다."

아난이 여쭈었다.

"아홉가지 뜻하지 않은 죽음인 구횡사가 무엇입니까?"

"어떤 중생은 병세가 중하지 않지만 의사와 약이 없고 간병인이 없어서 죽는 경우가 있고, 혹 의사가 치료를 하였으되 약을 잘못 쓰게 되면 횡사를 하게 됩니다. 또 사마외도(邪魔外道)

105

와 요망하고 악한 귀신의 재앙을 부르는 무
당이 망녕되게 화와 복에 대해 말하는 것을
믿고 두려워하면서 바르지 못한 점괘를 물어
화를 불러들이거나, 짐승들을 죽여 신명(神明)에게
호소하고 온갖 잡귀를 불러들여 복을 청하는
등, 어리석고 미혹하고 삿된 견해를 따르면서
목숨의 연장을 바라지만 끝내는 이를 수 없게
되고, 마침내는 횡사하여 지옥에 떨어져서 나
올 때를 기약할 수 없습니다. 이것을 첫 번째
횡사라고 이름합니다.

두 번째 횡사는 왕법(王法)에 의해 죽임을 당하는
것이요

세 번째 횡사는 사냥을 즐겨하며 돌아다니
고 음란함과 술에 빠져들어 사람 아닌 것[非
人]에게 정기를 빼앗겨 죽는 것이요

네 번째 횡사는 불에 타서 죽는 것이요

다섯 번째 횡사는 물에 빠져 죽는 것이요

여섯 번째 횡사는 사자·호랑이 등의 악한 짐승에게 잡아먹히는 것이요

일곱 번째 횡사는 절벽 등 높은 곳에서 떨어져 죽는 것이요

여덟 번째 횡사는 독약이나 저주의 기도, 주문으로 일으킨 시체에게 해를 입어 죽는 것이요

아홉 번째 횡사는 굶주림과 목마름의 고통 속에서 음식을 얻지 못해 죽는 것입니다.

이것이 여래께서 말씀하신 구횡사이며, 이밖에도 한량없이 많은 횡사들이 있으나 모두를 설하기는 어렵습니다.

또 아난이여, 세간에서 지은 선악들을 살피는 염마왕은 중생들 중에서 오역죄(五逆罪)를 짓고 불효를 하고 삼보를 욕되게 하고 군신(君臣)의 법을 무너뜨리고 믿음과 계율을 깨뜨리면, 그 죄의 경중에 따라 벌을 내립니다.

바로 이 때문에 나는 중생들을 온갖 괴로움과 재난에서부터 벗어나게끔 하기 위해 등을 밝히고 깃발을 만들고 방생 등의 복업을 닦을 것을 권하는 것입니다."

그때 대중 가운데 십이야차대장(十二夜叉大將)이 앉아 있었다. 그들은

궁비라대장(宮毘羅大將)	벌절라대장(伐折羅大將)	미기라대장(迷企羅大將)
안저라대장(安底羅大將)	알니라대장(頞你羅大將)	산저라대장(珊底羅大將)
인달라대장(因達羅大將)	파이라대장(波夷羅大將)	마호라대장(摩虎羅大將)
진달라대장(眞達羅大將)	초두라대장(招杜羅大將)	비갈라대장(毘羯羅大將)

이었다.

각기 7천 명의 야차들을 거느리고 있는 이 십이야차대장들이 한 목소리로 부처님께 아뢰었다.

"세존이시여, 저희는 지금 부처님의 위신력으로 약사유리광여래의 명호를 듣게 되어, 악

도에 대한 공포가 완전히 사라졌나이다.

지금 저희 모두는 한마음으로, 목숨이 다하도록 불·법·승 삼보에 귀의하옵고, 마땅히 일체 중생을 이롭게 하고 안락하게 할 것을 맹세하옵니다.

그리고 어떠한 마을이든 성이든 나라든 한적한 숲에서든, 이 경전을 유포하고 약사유리광여래의 명호를 수지하여 공경하고 공양하는 이가 있으면, 저희 권속들은 그 사람을 호위하여 모든 고난에서 해탈하게 하고, 구하는 것 모두를 얻을 수 있게 하겠나이다.

또 질병과 액난이 있는 중생이 이 경전을 독송하면서 벗어나기를 구하면 능히 해탈할 수 있게 하겠나이다."

세존께서 야차대장들을 칭찬하셨다.

"착하고 훌륭하도다, 야차대장들이여. 너희가 약사유리광여래의 은덕을 보답하고자 할진

대는, 마땅히 중생들을 이롭고 안락하게 하고
자 노력해야 하느니라."

그때 아난이 부처님께 여쭈었다.
"세존이시여, 이 경전의 이름을 무엇이라
하오며, 어떻게 받들어 지녀야 하옵니까?"
부처님께서 아난에게 이르셨다.
"이 경을 '약사유리광여래본원공덕경'이라
이름하며, '십이신장요익유정결원신주경' 또는
'발제일체업장경'이라고도 하나니, 마땅히 이
와 같은 이름으로 지닐지니라."

부처님께서 이렇게 설하여 마치자, 부처님의
설법을 들은 모든 보살마하살과 대성문, 국
왕·대신·바라문·거사들, 천·용·야차·건달
바·아수라·가루라·긴나라·마후라가와 인비
인 등이 크게 환희하면서 믿고 받들어 행하였다.

110

한글 약사경 / 김현준 편역   4×6배판 100쪽 4,000원

아주 큰 활자로 만든 한글 번역본으로, 독경 및 약사 염불 방법을 함께 실어 기도에 도움이 되도록 하였습니다. 사찰에서 대중이 함께 독송할 때 또는 집에서 독송할 때 매우 유용합니다.

우리말 약사경 / 김현준 편역   국반판 100쪽 2,000원

『약사경』을 휴대하기 좋은 사이즈로 만들었습니다. 부록으로 약사기도와 약사염불법에 대해 자세히 설명하고 있습니다. 포켓용 우리말『약사경』을 가지고 다니면서 틈틈이 읽게 되면 기도에 매우 큰 도움이 됩니다. 또한 법보시용으로도 매우 좋습니다.

약사경 한글 사경

초 판 1쇄 펴낸날 2017년 9월 18일
　　　 10쇄 펴낸날 2024년 8월 27일

엮은이 김현준
펴낸이 김연수
펴낸곳 새벽숲

등록일 2009년 12월 28일 (제 321-2009-000242호)
주 소 서울특별시 서초구 반포대로14길 30, 906호 (서초동, 센츄리I)
전 화 02-582-6612, 587-6612
팩 스 02-586-9078
이메일 hyorim@nate.com

값 4,000원

ⓒ 새벽숲 2017
ISBN 978-11-87459-05-7 13220

새벽숲은 효림출판사의 자매회사입니다 (새벽숲은 曉林의 한글풀이).

※ 표지 사진 : 화엄사 각황전 약사탱화. 성보문화재연구원 제공.